訴訟弁護士入門

民事事件の
受任から解決まで

飛松純一
荒井正児
佐藤久文
阿南 剛

著

LITIGATION
LAWYER

中央経済社

はしがき

　訴訟の結論は訴訟弁護士の力量に左右されます。争点整理と集中証拠調べによる短期決戦の訴訟において，その傾向はますます強くなっています。

　弁護士が訴訟の力量をあげるためには，民事訴訟法を学ぶだけでは十分ではありません。担当する事件に対する深い理解と法的な分析に加え，裁判所と弁護士が長年にわたって築いてきた実務を踏まえた，訴訟活動の知恵と技術を習得する必要があります。

　訴訟弁護士は，このような訴訟活動の知恵と技術を，具体的な生の事件を通じて先輩弁護士から学び，自ら実践して習得してきました。しかし，近年では弁護士数の増加とともにこのような事件を通じた知恵や技術の伝承が困難になってきており，その結果，訴訟活動の基礎を十分に習得できないままに訴訟事件に携わる若手弁護士も増えているのではないか，若手弁護士が初めて一人で訴訟に取り組む場合にその初歩から解説する書物がないのではないか，というのが本書を執筆するに至った問題意識です。

　本書は，筆者らが約20年にわたって多くの訴訟事件を取り扱ってきた中で習得した訴訟活動の知恵と技術を，初歩的なことから網羅的に解説したものです。

　第1章では，訴え提起前の場面で，弁護士がどのように事案を把握し，法律調査をすべきかについて解説しています。依頼者に対する事情聴取の仕方，時系列表の作成方法といった実践的な訴訟の技術に加えて，外国法の調査方法など従前の書籍で解説されたことのない幅広い内容を含んでいます。

　第2章および第3章は，訴え提起の場面および訴状の送達を受けた場面において，弁護士がなすべき準備と書面の作成方法について解説しています。訴状や答弁書の作成マニュアルであると同時に，裁判所書記官に対する連絡の仕方など訴訟の初期の段階における行動マニュアルでもあります。

　第4章は，期日対応です。期日で実際に起こりうる場面を網羅的に想定し，

その対応方法を具体的に解説しています。

　第5章は，準備書面を作成する際のポイントについて解説しています。訴状や答弁書に比べて記載する内容の自由度が大きい書面ですが，一般的に弁護士が意識しておくべき事項を解説しています。

　第6章は，証拠収集の主な場面を念頭において，収集手段の選択や収集の進め方などについてのポイントを解説しています。

　第7章は，書証の申出のタイミングや方法について，民事訴訟法・規則との関係で留意すべき基本的事項とともに，裁判所に対して書証による立証を効果的に行うための工夫や留意点についても解説しています。

　第8章では，証人尋問等に向けた準備はどうすればいいのかという類書ではあまり語られてこなかったテーマについて，筆者なりに考えた準備のポイントを解説しています。

　第9章は，和解手続です。和解期日で実際に起こりうる場面を網羅的に想定し，その対応方法を具体的に解説しています。和解を有利に進めるためのノウハウや裁判所が何を考えているのかについても言及しています。

　第10章および第11章は，判決手続のほか，比較的経験の機会の少ない控訴審や上告審について，手続面を中心に解説しています。

　先に述べたとおり，本書は，若手弁護士が初めて訴訟を担当する場合に参照できるよう初歩的なこともあえて省略せずに解説しています。初めて訴訟に取り組む弁護士に限らず，今後さらに訴訟経験を積みたい若手弁護士や，訴訟弁護士を目指すロースクールの学生にも読んでいただくことを想定しています。加えて，訴訟当事者がなすべきことも具体的に解説していますので，企業の法務担当者等，業務で訴訟に携わる方にも広く読んでいただける内容となっています。

　最後になりますが，本書の企画から刊行まできめ細かく配慮していただいた中央経済社の川副美郷氏に心より御礼申し上げます。

　2018年6月

執筆者一同

目　次

はしがき／i

第1章 ● 訴え提起前の場面 ——————————————— 1

1　事案の把握 ————————————————————— 1
Q 1 資料の収集依頼 ……………………………………… 1
Q 2 事情聴取の準備 ………………………………………… 4
Q 3 事情聴取を踏まえた考慮事項 ……………………… 8
Q 4 情報の整理 …………………………………………… 10

2　法律調査の方法 ——————————————————— 13
Q 5 リーガル・リサーチの方法 ………………………… 13
Q 6 法律論の立て方 ……………………………………… 15
Q 7 外国法の調査 ………………………………………… 18

第2章 ● 訴え提起の場面（原告側の初動）—————— 21

1　訴状の作成等 ———————————————————— 21
Q 8 訴状の長さ……………………………………………… 21
Q 9 訴状の体裁 …………………………………………… 22
Q10 訴状の必要的記載事項 ……………………………… 23
Q11 請求の趣旨と請求の原因 …………………………… 27
Q12 要件事実 ……………………………………………… 33
Q13 要件事実以外の記載の範囲 ………………………… 37
Q14 間接事実・背景事情の記載方法 …………………… 39
Q15 訴訟物を取捨選択する視点 ………………………… 40

II 目 次

Q16	請求額の決定方法	44
Q17	一部請求	46
Q18	訴状の受付	47
Q19	訴額の決定方法	52
Q20	訴訟提起時の提出書類	54
Q21	訴え提起と守秘義務	56
Q22	被告の範囲	57

2　訴え提起の場面に関するその他の事項 ── 60

Q23	裁判所書記官に対する問合せ	60
Q24	訴訟進行に関する照会書	62
Q25	訴えの変更	64

第3章 ● 訴状の送達を受けた場面（被告側の初動）── 67

Q26	訴状の確認ポイント	67
Q27	答弁書の作成までの準備（総論）	68
Q28	移送の申立て	71
Q29	答弁書の作成（総論）	73
Q30	請求の趣旨に対する答弁	76
Q31	請求原因に対する認否・抗弁事実等の記載の程度	77
Q32	請求原因に対する認否・抗弁事実等の記載方法	79
Q33	反訴	82
Q34	訴訟告知	85

第4章 ● 期日対応 ─────────── 88

1　第1回口頭弁論期日の対応 ──────── 88

Q35	第1回口頭弁論期日に向けた準備	88

Q36	第1回口頭弁論期日の手続の流れと留意点	91
Q37	続行期日の種類と訴訟代理人の対応	94

2 続行期日の対応 ——————— 97

Q38	続行期日に向けた当事者の準備	97
Q39	求釈明の申立て	98
Q40	裁判所の釈明への対応	99
Q41	裁判所の心証開示	102
Q42	期日における発言の留意点	104
Q43	期日への当事者本人の同行	106
Q44	付調停（民事調停法20条）への対応	108
Q45	専門委員の関与	109
Q46	期日における訴訟代理人の振舞い	110
Q47	期日後の対応	111

第5章 ● 準備書面の作成 ——————— 115

1 準備書面作成にあたっての考え方 ——————— 115

Q48	準備書面作成時の心構え	115
Q49	準備書面における長さ・形式	118
Q50	準備書面作成の事前準備	122
Q51	準備書面における事実主張	124
Q52	準備書面における事実の評価	127
Q53	専門訴訟における準備書面	129
Q54	最終準備書面	131
Q55	原告の主張に対する認否	133
Q56	理由付否認に対する認否	135

2 主張の提出時期 ——————— 136

Q57	主張の提出時期	136

IV 目 次

Q58 予備的主張の提出時期 ……………………………………… 138

第6章 ● 証拠の収集 ──────────────────── 140

1 証拠の種類 ──────────────────────── 140
Q59 民事訴訟における証拠方法の種類 ………………………… 140
2 依頼者からの証拠の収集 ────────────────── 142
Q60 依頼者に対する証拠提出依頼 ……………………………… 142
Q61 パソコンからの証拠収集 …………………………………… 144
3 第三者からの証拠の収集 ────────────────── 145
Q62 第三者からの証拠収集方法 ………………………………… 145
Q63 第三者に対する情報照会 …………………………………… 146
Q64 意見書の取得 ………………………………………………… 148
Q65 意見書の依頼の進め方 ……………………………………… 149
4 相手方からの証拠収集 ─────────────────── 151
Q66 相手方からの証拠収集方法 ………………………………… 151

第7章 ● 書証の申出 ─────────────────────── 154

1 書証申出のタイミング ─────────────────── 154
Q67 書証申出のタイミング ……………………………………… 154
Q68 書証申出のタイミングを逸した場合の不利益 ………… 155
2 書証申出の方法 ────────────────────── 156
Q69 原本と写し …………………………………………………… 156
Q70 文書の一部の申出 …………………………………………… 157
Q71 写真の申出 …………………………………………………… 158
Q72 録音データの申出 …………………………………………… 160
Q73 判例・文献の提出方法 ……………………………………… 161

目　次　**v**

Q74	外国語で作成された文書の申出	163

3　証拠説明書 ———————————————— 164

Q75	証拠説明書の作成のポイント	164
Q76	分量の多い文書，わかりにくい文書についての工夫	166

第8章 ● 陳述書・尋問 ———————————— 170

1　陳述書 ———————————————————— 170

Q77	陳述書の記載事項・主尋問との役割分担	170
Q78	自己に不利な事実の記載	172
Q79	相手方の陳述書への対応	173

2　人証の申出 ——————————————————— 174

Q80	人証の申出についての検討	174
Q81	証拠申出書の作成	177
Q82	相手方が申し出た人証	178

3　自らが申請した証人等の尋問の準備 ———————— 179

Q83	証人等との打合せ	179
Q84	主尋問の内容	181
Q85	主尋問メモの作成方法	182
Q86	主尋問における質問の内容	185
Q87	反対尋問準備	186
Q88	その他の準備	187

4　相手方が申請した証人等の尋問の準備 ——————— 188

Q89	反対尋問の要否	188
Q90	反対尋問メモの作成方法	189
Q91	反対尋問の内容	190

5　その他の準備 ———————————————————— 192

Q92	尋問内容以外の準備事項	192

6 尋問当日 ——————————————————— 193

Q93 尋問に対する異議 ……………………………………… 193

Q94 弾劾証拠 ……………………………………………… 195

Q95 相手方の尋問中の注意事項 ………………………… 196

7 尋問終了後 ——————————————————— 197

Q96 尋問終了後の対応 …………………………………… 197

第9章 ● 和解 ——————————————————— 199

Q97 和解の一般的な注意事項 …………………………… 199

Q98 和解勧告の際に裁判官が考えていること ………… 200

Q99 和解勧告の検討 ……………………………………… 203

Q100 和解期日の進行 ……………………………………… 205

Q101 裁判官が誤解している場合の対応 ………………… 205

Q102 返済資金がないという主張への対応 ……………… 206

Q103 分割払いを求める相手方に対する対応 …………… 207

Q104 和解条項 ……………………………………………… 208

Q105 企業訴訟の和解 ……………………………………… 211

第10章 ● 判決 ——————————————————— 213

Q106 口頭弁論終結後の主張提出 ………………………… 213

Q107 敗訴判決に備えた対応 ……………………………… 215

Q108 判決言渡期日の対応 ………………………………… 217

目　次　**VII**

第11章 ● **上訴・その他** ──────────────── 219

1　控訴 ──────────────────────── 219

Q109 控訴審の審理の特徴 ························· 219

Q110 控訴審の手続の流れ ······················· 221

Q111 控訴提起の判断における検討ポイント ········· 228

Q112 逆転するための控訴理由書のポイント ········· 230

Q113 強制執行停止の申立て ····················· 233

Q114 第一審判決維持のためのポイント ············· 238

Q115 控訴審の進行協議期日 ····················· 240

Q116 控訴審の第1回口頭弁論期日 ··············· 240

Q117 控訴審の続行期日 ························· 242

Q118 控訴審での人証調べ ······················· 243

Q119 控訴審での和解 ··························· 243

2　上告 ──────────────────────── 245

Q120 上告審の特徴 ····························· 245

Q121 上告審の手続の流れ ······················· 247

Q122 上告審での主張書面の作成 ················· 251

3　訴訟終了後 ──────────────────── 253

Q123 訴訟終了後の処理 ························· 253

【記載例】

1　時系列表／12

2　訴状（共同不法行為者間の求償請求の例）／24

3　訴訟進行に関する照会書／63

4　訴えの変更申立書／65

VIII 目 次

5 移送申立書／72

6 答弁書／74

7 反訴状／83

8 訴訟告知書／86

9 期日報告書／112

10 準備書面／121

11 証拠説明書①／167

12 証拠説明書②／169

13 主尋問メモ／183

14 尋問調書の訂正を求める上申書／198

15 和解条項（建物賃貸借の合意解約の例）／210

16 和解条項（担保取消しの例）／210

17 控訴状／222

18 訴訟進行に関する照会書（控訴審）／225

19 強制執行停止申立書／235

20 上告受理申立書／248

訴え提起前の場面

1 事案の把握

Q1 資料の収集依頼

民事訴訟事件の受任にあたって依頼者から事案の説明を受ける際、どのようなことを心がけるべきでしょうか。必要十分な説明や資料を提供してもらうために、どのような工夫が考えられるでしょうか。

(1) 早期の資料収集の重要性

改めて指摘するまでもなく、民事訴訟事件において適切な弁護活動を展開するためには、十分な資料を収集し、そこから裁判所に提出すべき証拠を適切に取捨選択し、それに立脚した主張を展開することが重要です。そして、多くの場合、資料の入手先として最も重要なのは、まさに弁護士が目の前にしている依頼者自身です。事件を受任した早期の段階で、できるだけ事件に関連する資料や情報をすべて提供・開示してもらい、当初から事実関係の全体を俯瞰した訴訟戦略を立てる状況とできれば理想的です。訴訟が進行してから新たに重要な資料が出てくることは、業務の進め方として非効率が生じることはもとより、それまでの訴訟戦略に変更を迫られることにもなりかねないため、できるだけ

2　第1章　訴え提起前の場面

避けたいところです。

　上記の観点からは，依頼者から事案の説明を受ける際には，「少しでも関連しそうな資料はとにかく全部持ってきてください」と依頼すべきだと思います。企業が依頼者である場合には，法務部等の担当者が訴訟慣れしており，必要十分な資料を適宜取捨選択して提供してくれるケースも多くあります。しかし，訴訟の経験が乏しい個人の依頼者の場合，依頼者側で適切な証拠を取捨選択することはほとんど不可能です。また，訴訟慣れした依頼者であっても，無意識に訴訟上不利に作用しそうな資料を除外してしまったり，事件の特殊性を見落として資料を準備してしまったりすることも考えられます。筆者の場合，「関連がないかもしれないと思っても，迷ったら全部持ってきてください。分量が多すぎて持ちきれないとか，送ろうとしても段ボール何箱にもなるというときは，相談してください」とお願いすることにしています。

(2)　資料提供の要請方法

　上記のように依頼していても，当日になると，肝心なものが持参されておらず，効率的な事情聴取ができないこともままあります。たとえば，契約紛争の相談にあたって契約書を持参してもらったところ，契約書の別紙や添付約款が欠落しているケースは非常に多いです（そもそも，依頼者がその存在を意識していないのが主な原因です）。また，紛争状態となって以降に相手方と交わした電子メール等の内容が重要な証拠となりうることは，弁護士にとっては当然のことと感じますが，依頼者にはあまり理解されていないことが多いようです。依頼者によっては，わざわざ有利そうな証拠のみを選択して持参してくることもあります。こうした事態をできるだけ回避するため，事前に電話やメールでごく簡単に事案の概要を聴取しておき，最低限持参してもらいたい資料については事前にメール等で依頼しておく対応が望ましいと思います。

　たとえば，貸金の返還をめぐるトラブルであれば，通常必要な資料として，以下のようなものが考えられます。

- 金銭消費貸借契約書や借用証
- 一部返済等がある場合には，領収証や入出金記録のある預金通帳
- 督促がなされている場合には督促状など
- 担保がある場合には担保に関連する資料
- 債権者・債務者間のメールや手紙等のやり取り

不動産の売買に関するトラブルであれば，最低限，以下のような資料を依頼するのが通常だと思います。

- 対象となっている不動産の登記簿謄本または登記事項証明書
- 不動産売買契約書および重要事項説明書
- 不動産の瑕疵に関する紛争であれば，瑕疵の概要がわかる資料
- 売主・買主間の電子メールや手紙等のやり取り

労働事件（解雇・残業代など）に関するトラブルであれば，最低限，以下のような資料を依頼するのが通常だと思います。

- 労働契約書，就業規則，労働条件通知書
- 給与明細
- 懲戒処分通告書（解雇通知書等）

最近の事件の傾向として，電子メールやショートメール，LINE等でのやり取りが証拠として非常に大きな意味を持つことが多くなっています。事件の内容そのものに関しては電子メール等で議論されていないとしても，依頼者と相手方との間の日常的なやり取りを含めてざっと確認させてもらうとよいと思います（いつ，どのような打合せが当事者間で行われたか等について客観的に確認できる等のメリットがあります）。

なお，依頼者からの資料（証拠）の収集については，訴訟手続全体を通した見地から，Q60でも解説されています。

4　第1章　訴え提起前の場面

(3)　依頼者による時系列表や説明メモの作成

　事案が複雑なようであれば，時系列表や説明メモ，あるいは関係者一覧のようなものを依頼者にあらかじめ作成してもらっておくことも有益です。これには，2つのメリットがあります。

　第一点目は，資料を通じて弁護士の事案に対する理解が促進され，必要な法的知識について事前に確認しておく機会が確保されることです。

　第二点目は，（こちらがより重要だと思いますが）資料作成を契機として依頼者の側の記憶が喚起され，事情聴取の場で漏れなく効率的に弁護士に情報を伝達できるようになることです。特に個人の依頼者の場合や，事件に至る経緯が長期にわたるような場合，依頼者の記憶が薄れていたり前後関係が混乱していたりする結果，事情聴取に必要以上に時間をとられることがあります。また，事情聴取の後になって依頼者がいろいろ思い出すことになると，訴訟準備の効率性を損ないますし，当初の戦略策定を誤ってしまう懸念も生じます。

　したがって，たとえ弁護士の目からは不完全に見える資料ができあがってくることがあったとしても，依頼者なりに事実関係について整理して振り返る機会をあえて設ける意味は非常に大きいと思います。

Q2　事情聴取の準備

> 　依頼者の事情聴取に際し，事前にどのような聴取事項をリストアップすべきでしょうか。また，聴取の場面において，どのような点に留意したらよいでしょうか。

(1)　事情聴取の準備

　事情聴取に際しては，できる限り，事前に電子メール等で入手した情報や提供された資料に目を通し，関連する法的論点については下調べを行い，聴取すべきポイントを整理しておくことが有益です。特に，あまり経験したことのな

い法分野に関する事件の場合，事前に法的論点を十分に把握しておかないとポイントを捉えた事実関係の聴取ができません。依頼者の話を十分聴かないうちから事件の問題点を早合点してしまうことも後々大きな問題につながりかねないので注意が必要ですが，ある程度の見通しを立てておくことはやはり必要です。

　なお，被告事件の場合，訴状を出発点として検討することにより，認否・反論しうるポイントはある程度想定できますので，事前の準備は原告事件に比べれば容易な面があります。ただ，原告事件であっても，どのような訴えを提起すべきかが比較的明確な事案では，当初の段階から要件事実へのあてはめを意識しつつ事実を聴取し，事実を裏付ける証拠を揃えていく視点が重要となります。

(2)　依頼者の生の言葉を重視する

　以上のような事前準備の重要性の一方で，できるだけ弁護士の先入観に汚染されていない生の事実を，依頼者自身の言葉で聴くことも重要です。事前準備を通じて聴取すべきポイントは押さえつつも，特に事件の初期段階においては，依頼者自身に自由に「依頼者自身の物語」を話してもらう時間をとるべきです。弁護士の思い込みや要件事実へのあてはめを過度に重視した事情聴取を行ってしまうと，事案の実態・深層を正確に把握できなくなってしまう場合や，後日になって弁護士の予想しない事実関係が明らかになって，慌てる羽目になることも考えられます。また，依頼者が相手方のどの点に憤っているのかといった心情面や，依頼者が究極的には何を目的としているのかを当初からできるだけ正確に把握できれば，依頼者の期待に沿った事件処理を実現できる可能性も高まります。企業間の民事訴訟であっても，担当者や経営者の思いや感情が事件処理の方向性を左右することは個人間のそれと同様ですので，こうした点を軽視するべきではありません。

　もちろん，依頼者によっては，自由に話してもらうと全く要領を得ない話に終始する場面もあります。したがって，一定の誘導を弁護士の側から行うこと

6 第1章 訴え提起前の場面

もやはり必要です。たとえば，仮に聴取時間として2時間程度を予定しているのであれば，最初の30分程度は依頼者の言いたいこと・伝えたいことを，できるだけ弁護士が遮らず，依頼者自身の言葉で話してもらうようにする，その後は少しずつ弁護士が話題を誘導していく，といった対応も考えられます。

(3) 事情聴取の進め方

　以上のとおり，事情聴取をどの程度弁護士が主導するべきかについては，事案によって，また，依頼者によって，さまざまな場合があります。弁護士ごとにスタイルは異なりますが，筆者の場合，以下のようなことを心がけつつ事情聴取を進めています。

　ア　時系列に沿って，発生した出来事を順序立てて話してもらう

　依頼者によっては，いきなり紛争が顕在化した後の状況について詳しく話しだそうとすることがありますが，時系列に沿って説明を受けることで，因果の流れや当事者の行動の理由を把握しやすくなるメリットがあります。Q1で述べたとおり，事前に時系列表を準備しておいてもらえれば有益でしょう。

　イ　関係者間に契約関係があるか否かなど，関係者間の権利義務関係の有無・
　　内容を意識する

　最終的には法律上の権利義務をめぐって裁判所で争うわけですから，当事者間の法律関係を頭の片隅に置きつつ，事実について把握する必要があります。

　ウ　依頼者の主観（解釈）と，生の事実の違いを意識する

　当然のことですが，依頼者の説明は依頼者なりの解釈を踏まえたものとならざるをえません。聴取する立場からは，生の事実として発生したことと，それに対して依頼者が加えている解釈とを区別して，事実を把握するよう心がける必要があります。

エ　依頼者は，都合の悪い事実関係を話したがらないことを意識する

　依頼者によっては，訴訟に勝ちたいという気持ちがそうさせるのか，自分の弁護士に対しても都合の悪い事実を隠そうとする人が存在します。また，弁護士と話すことに慣れていない依頼者の中には，自分の不利な点を話すことで弁護士に叱られるのではないかと思い込んでいる人も存在します。手許資料をしっかりと観察し，あるいは依頼者の説明に不自然な点がないかどうか冷静に分析し，矛盾点等についてはきちんと確認していく必要があります。

オ　客観的に立証できることと，立証できないこととを区別する

　客観的に立証できないこと，特に書証をもって立証できないことをキーポイントとした訴訟戦略を立ててしまうと，期待した成果を上げられない可能性が高まります。

カ　どのような訴えを誰を相手方として提起するのかに応じ，要件事実に関連するポイントを詳しく聴取する

　最初の事情聴取の時点では，どのような訴えを提起するのか，どのような訴訟物を選択するのか確定していないこともありますが，考えられる法律構成を幅広く意識しつつ，それぞれの要件事実が主張立証できるのかを自問しつつ事情聴取を行います。

キ　消滅時効等について問題はないかを確認する

　除斥期間満了や消滅時効完成の寸前のタイミングで依頼者が弁護士に相談に来る場合もあります。

ク　他の専門家の助力が必要な案件であるかどうかを確認する

　不動産であれば不動産鑑定士や土地家屋調査士，税務関連であれば税理士や公認会計士など，弁護士以外の専門家の意見を聴取する必要があるかどうかも，早い段階で検討し，依頼先を確保できるようにしておく必要があります。

8　第1章　訴え提起前の場面

(4)　事情聴取の回数

　事情聴取の回数は，1回とは限りません。複雑な事案，事実経緯が長期にわたる事案などは，数時間の事情聴取を2回，3回と行うことは当たり前ですし，訴訟が開始した後も，必要に応じて追加の事情聴取は当然に行われます。無理に初回の事情聴取ですべてを聴き出そうとはせず，日を改めて，資料も準備してもらったうえで再度の事情聴取を行ったほうが正確な事実が判明することも多くあります。

　弁護士の側でも，弁護士同士で内部打合せをした結果，新たに依頼者に確認すべき事項が生じることもありますし，法的なリサーチを進めていった結果として新たな疑問が生じることもあります。効率性を高める努力は重要ですが，一方で，納得がいくまで事情聴取を繰り返すことも必要です。

Q3　事情聴取を踏まえた考慮事項

> 　依頼者からの聴取結果を踏まえ，いよいよ訴訟戦略を立てようと思っていますが，その前に，弁護士として検討しておくべきポイントはあるでしょうか。

(1)　利益相反等の有無の確認

　事案の詳細な説明を受けた結果，弁護士法および弁護士職務基本規程上の利益相反に該当するまたはそのおそれのある事情が判明することがありえます（弁護士法25条，弁護士職務基本規程27条・28条等）。また，このような法律上の利益相反には該当しない場合でも，既存の依頼者との間でのビジネス・コンフリクト（たとえば，訴訟で勝訴すると，既存の依頼者に市場で競合する事業者を利する結果につながるような場合）が判明することも考えられます。こうした事情が判明した場合，早めに依頼者に説明のうえ，適切な対処を行うことが重要です。対処のタイミングが遅れると，深刻なトラブルに発展することが

あります。

(2) 紛争解決方法および裁判管轄の検討

　紛争の内容が把握できたとしても，訴えを提起する前に，まずは任意の交渉等で解決できる可能性を探るべき事案ではないか，いきなり訴えを提起するのではなく配達証明付き内容証明郵便等で催告・警告等を行うべきではないか，といった点を検討する必要があります。

　また，紛争事件の解決手続としては，裁判所における裁判以外にもさまざまなものがあります。裁判所における調停はもちろんのこと，弁護士会や業界団体等が行っている各種のあっせん・調停や，仲裁機関における仲裁，国際的な案件については外国の裁判所における裁判も考えられます。特に，紛争の当事者間に契約が締結されている場合は，紛争解決の手段として裁判以外の紛争解決手続が合意されている可能性もあります。

　一方，裁判を行うにあたっては，どの裁判所に訴えを提起するかという，土地管轄・事物管轄の問題もあります。

　原告として裁判を起こそうとしている場合は，どの紛争解決方法を採用すべきか，どの裁判所に提起すべきかといった点について慎重に検討する必要があります。被告事件の場合にも，提起された訴えについて上記の観点から本案前の抗弁が成立しないか，確認しておく必要があります。

(3) 仮差押え・仮処分・証拠保全の必要性

　原告事件の場合，依頼者の権利を保全するための仮差押えや仮処分といった民事保全の要否についても，忘れずに検討しておくことが重要です。相手方の資力に不安があるときは仮差押えを検討する必要がありますし，相手方の所有・占有する係争物について，処分禁止・占有移転禁止等の仮処分を申し立てることも検討しておく必要があります。

　また，証人が海外に転居したり，証人の体調が悪化したりする懸念がある場合や，証拠が隠匿・破棄・改ざんされるおそれがある場合などにおいては，証

10　第1章　訴え提起前の場面

拠保全を検討すべき場合もあると思われます。

(4)　弁護士報酬

　また，事案について把握でき，とるべき法的手段が決定できた段階で，弁護士報酬の見積りについてもある程度具体的に提示できるようになると思います（ただし，時間制（タイム・チャージ制）報酬の場合はそうとは限りません）。既に依頼者に対して弁護士報酬に関する十分な説明がなされている場合はよいですが，そうではない場合，事案についての説明を受けた後に弁護士報酬やその見積りについて説明しておくことも留意すべきです。

Q4　情報の整理

　依頼者からの聴取内容や資料から判明した事項等については，どのようにまとめておいたらよいでしょうか。

(1)　聴取時点における工夫

　依頼者からの聴取内容について，その場ではよく理解した気分になっていても，いざ訴状や答弁書，準備書面を書こうとすると，記憶が曖昧なために筆が（正確にはキーボードを打つ手が）止まってしまうことがあります。また，多くの訴訟においては，いずれかの段階で依頼者の陳述書を提出する必要が生じますが，その時点で当初の聴取内容の記憶が薄れてしまっていると，再度，一から聴取をやり直す羽目になります。

　依頼者の許可を得られるのであれば，事情聴取の際，ICレコーダーやスマートフォンの録音機能を利用して，音声記録を残しておくことも有用です。ただ，いちいち音声記録を聴き直していたのでは著しく効率性に劣りますので，実際に確認するのは最終手段と考えておくべきです。

　聴取内容を，そのままパソコンに打ち込んでしまう方法も，タイピングの速

い弁護士であれば効率的だと思います。ただ，聴取を担当する弁護士とパソコンに打ち込む弁護士を分けておかないと，どうしても聴取に余計な時間を要したり，聴取の質が落ちてしまったりする傾向にあるように思います。

(2) 聴取結果の記録

　聴取結果については，ヒアリングメモを残しておければそれに越したことはありません。しかし，整理したヒアリングメモを作成するのはそれなりの労力がかかるわりに，後から読み返す機会はそれほど多くありません。

　そこで，少なくとも聴取した結果に基づいて時系列表を作成しておくことが有益でしょう。時系列表の作成方法や体裁は千差万別で，弁護士による好みの部分も多分に存在しますが，後から関連証拠の標目やメモ等を積極的に記入し，事件にまつわる重要な情報をできるだけ一元化したツールに仕上げていくのが有用かつ効率的だと思います。このようにして，単なる聴取事項のメモとして参照するだけではなく，新たな事実や情報が得られるたびに内容をアップデートし，充実化していく手控えとして利用することができます。また，時系列において多くの情報を一覧できるように整理することにより，相手方（場合によっては依頼者）の主張の矛盾点や弱点なども発見が容易になります。

　また，このようにして完成していく時系列表は，尋問，特に反対尋問の際に素早く手許で事実関係等を確認するツールとして極めて有用です。普段から見慣れた資料であるため，尋問用に新たな資料を作成するよりも素早く必要な情報を発見し，テンポよく尋問する一助となります。

　関係者の多い事件の場合には，関係者ごとに独立した項目（欄）を作り，それぞれの行動を分類して一覧化するなど，さまざまな工夫が考えられます。

　時系列表の作成に際しては，マイクロソフト・エクセルのような表計算ソフトが利用されることが多いのですが，マイクロソフト・ワードのように，文書の修正履歴が記録できるソフトウェアで表を作成する方式のほうが便利な場合もあると思います。

　このようにして作成したメモや時系列表は，できるだけ依頼者とも共有し，

間違いや留意点などについてコメントを得ておくことも有益です。

記載例 1　時系列表

年月日		関係者	事実	説明	資料	備考
2017年 （平成29年）	12月4日	原告・被告・A社代表取締役○○・A社総務部長○○	A社株式譲渡に関する打合せ	＠東京○○ホテル。原告から譲渡価格○○円との提案（B社損害賠償リスクについては言及なし）	甲○号証（原告議事録メモ）	○○部長は途中で退席，価格提案は聞いていない？議事録メモが被告に送付されたかどうか要確認
	12月6日	被告→原告	被告メール	B社損害賠償リスクについて質問		12月半ば，原告から電話で回答あり？（通話記録取得可能か確認）
2018年 （平成30年）	1月22日	原告→被告	原告メール	基本合意書ドラフト提示		
	1月26日	被告→原告・A社総務部長○○	被告メール	基本合意書ドラフトに対するコメント	第5条に修正コメント	コメントは○○部長の指摘に基づいて被告作成
	2月6日	原告・被告	基本合意書締結		甲○号証	

(3)　証拠の整理と原本の管理

　依頼者から受領した証拠については，時系列順等のルールに従って整理し，一元的に管理しておくことが重要です。また，特に依頼者から預かった原本の管理については，紛失はもちろんのこと，汚損・破損が生じないよう細心の注

意を払う必要があります。訴訟事件を受任した際，原本書類を受領したら直ちに収納できるよう初めからファイルにポケット（袋）を綴じこんでおくことや，原本は必ず主任弁護士のもとで一元管理すること等，管理上の工夫が重要です。また，原本を預かった際には，預かり証を依頼者に対して交付しておくことも大切です。

2 法律調査の方法

Q5 リーガル・リサーチの方法

訴訟を受任する際のリーガル・リサーチは，どのように行ったらよいでしょうか。

(1) リサーチの姿勢

リーガル・リサーチの方法については多くの文献が存在しますし，訴訟を受任した際のリサーチに特有の特徴があるわけではありません。

ただし，訴訟におけるリサーチでは，最終目標が勝訴することにあることから，特に注意すべき点が存在します。

(i) 判例・裁判例の重視

特に，類似事例に関する裁判例の傾向がどのようになっているかは極めて重要です。リサーチの結果が依頼者にとって有利な場合はもちろん，不利な場合でも相手方からその点を主張されることを事前に予測し，それに備えておく必要があります。

(ii) 原資料の確認

特に判例・裁判例については，原文にあたらないとどのような事実関係につ

いてなされた判断なのか，目の前にある事案にそのまま当てはめることが妥当なのかが正確に判断できません。基本書や論文における判例・裁判例の説明はかなり簡略化されていたり，時には論者の意見と整合させるために必ずしも客観的ではない解釈が行われていたりすることもありますので，要注意です。

(2) 経験の浅い法分野であるため，どこからリサーチすればよいかわからない場合

　経験の浅い法分野がかかわる事件については，その道に詳しい弁護士に声をかけて共同で受任する等の対応をとることも視野に入れるべきでしょう。このためにも，ロースクールの同級生や司法研修所の同期，あるいは弁護士会等のつながりを大切にして，さまざまな分野の弁護士とのネットワークを日ごろから構築しておくことが重要です。

　しかし，弁護士費用の問題や依頼者との既存の信頼関係等が原因で，他の弁護士を紹介することが難しい場合もあります。この場合，まずはリサーチの出発点となる標準的な文献や資料を手掛かりに，そこから求める情報を手繰り寄せていくほかありません。あらゆる法分野についての知識を身につけることはもとより不可能ですが，日ごろからさまざまな分野のリサーチの核となる文献・資料がどれであるかについて意識的に知識を蓄えておくと有益です。また，その道に詳しい弁護士から，リサーチの手掛かりや方法についてのアドバイスをもらうだけでも，大きくポイントを外す可能性は減らせるでしょう。

　求めている情報に関する文献がない場合，まずは，インターネットの一般的な検索サイトを活用して，どのような情報がオンライン上に存在するかを確認してみることは非常に有益です。もちろん，情報の精度や新鮮さに問題がありうることを前提としなければなりませんが，たとえば規制法の分野に関しては，法令を所管する官公庁やその外郭団体，関連する業界団体のウェブサイト等にかなり充実した情報が掲載されていることもしばしばです。少なくとも，関連する法令としてどのようなものがあるか，その道の権威とされている人物が誰であるかなど，時間もコストもかけずに特定できることがほとんどです。

どのような法分野であるにせよ，現在インターネット上に公開されている情報量は膨大ですので，積極的に活用すべきだと思います。ただ，官公庁のウェブサイトに掲載されているような信頼性の高い情報は別として，ネット上の情報に直接依拠することなく，原典にあたって確認する姿勢を忘れるべきではありません。

Q6 法律論の立て方

勝敗に直結する法律上の論点をリサーチしたところ，確立した判例はなく，学説や裁判例が統一されていない状況です。どのような法律論に立脚して主張を展開すればよいでしょうか。学者の意見書は有用でしょうか。

(1) 判例に対する考え方

訴訟事件を担当するに際して，判例の位置づけは極めて重要です。もちろん，学説をリサーチすることも大切ですが，ある論点について判例が存在する場合，訴訟においてそれを全く無視した戦略を立てることは考えられません。特に，最高裁判所民事判例集（民集）に掲載された判例については，まさに最高裁判所自身が重要と判断するものですから，訴訟の実務においては，ほとんど法律と同じ重要性を持つ法源と考えて差し支えありません。

したがって，依頼者の立場に不利な最高裁判例が存在する場合，これに真っ向から反するような戦略は検討の余地がなく，どうしても判例と整合しにくい事案については，自らのリーガルマインドを最大限に発揮させつつ，以下のようなアプローチが考えられないか，知恵を絞ることになります。

① 判例の主文のうち，先例としての拘束力が認められるのはどこまでなのか…いわゆる判例としての拘束力が認められる範囲は，理論的には極めて限定的です。したがって，判例の射程をよく吟味し，担当している訴訟にどの範囲で影響を及ぼすのかを慎重に判断する必要があります。最高裁判

例解説をはじめとした判例解説・判例評釈の出ているものについては，それらを熟読することが大切です。

② 判例の前提とする事実関係と担当している訴訟の事実関係との差異はないか…その差異が結論を左右する重要性を持ちうるようであれば，その点を手掛かりに判例の射程が及ばない旨の主張ができないかを考えます。

③ 判例の射程が担当している訴訟に及ぶとした場合の不当性・不合理性を検討します。

(2) 下級審の裁判例

確立した判例がない場合，次に，地方裁判所や高等裁判所の裁判例がないかを調査することになります。ただし，こうした裁判例は，最高裁判所の判例とは意味合いがかなり異なります。

あくまで一般論ですが，高等裁判所の裁判長は，地方裁判所の裁判例などは単なる参考程度としか考えていないように見受けられます。したがって，担当している訴訟が高等裁判所に係属している場合，地方裁判所の裁判例を援用しても，必ずしも強力な裏付けとはならない場合があります。逆に，地方裁判所においては，高等裁判所の裁判例については，かなりの程度意識されている印象を受けます。

また，裁判例については，担当した裁判官が誰であるか，東京や大阪のような大規模庁の判断であるか，といった点も，裁判官がどの程度考慮するかに影響を及ぼしていると考えられます（地方の支部の裁判例については，あくまで参考程度にしか受け取られない印象です）。また，あまりに古い裁判例も，先例的価値が相対的に下がっていきます。

なお，簡易裁判所の裁判例については理由づけが不明確なものや，理論的に疑問のあるものも多く存在します。したがって，担当している訴訟が地方裁判所や高等裁判所に係属している限り，簡易裁判所の裁判例については，（それが有利であれ不利であれ）あまり気にしなくてよいと思います。

(3) 学者の意見書

　裁判例や学説を見ても見解が統一されていない場合や，文献や過去の裁判例において議論になっていない論点が争われている場合，学者に法律意見書を書いてもらったうえ，それを証拠として裁判所に提出することが，特に企業分野の紛争等においては頻繁に行われています。問題となっている分野の第一人者である学者の意見書が提出できれば，裁判所としても心証形成の参考とすることは，一定程度は期待できます。依頼者にとって非常に重要な案件においては，考えられる限りの攻撃防御を尽くす必要があるため，デメリットがない以上，未解決の法律上の論点について学者の意見書を提出することは常に検討課題となります。

　とはいえ，法令の解釈適用は本来裁判所の専権事項であり，学者の意見書も決定的な意味までは持っていません。多くの元裁判官も，学者の意見書についてはあまり気にせず判決を書いているとの見解を表明しています。また，実務上の問題として，意見書の作成に一定の期間を要すること，定評ある学者に依頼しなければ意味が薄いこと，謝礼が多額になる傾向があること等も指摘できます。

　なお，事実認定にまで踏み込んだ内容の学者の意見書が提出されるケースを見かけます。しかし，学者が事実認定について専門性を有していることは通常は考えられないため，有害ではないとしても，ほとんど効果はないと考えるべきです。

(4) 法律論に関する主張を行う場合の留意点

　判例に沿った主張を行う場合は，当該判例を準備書面等において参照しておけば，相手方から具体的な反論がない限り，それ以上の説明は通常不要です。法令を所管する官庁が一定の解釈を示している場合も，さしあたりは当該解釈を前提とした主張を展開して差し支えないと思います。

　一方，判例が確立しておらず，学説や下級審の裁判例に依拠した主張を展開する場合は，当該学説の掲載された文献・論文や裁判例を証拠や事実上の参考

18 第1章 訴え提起前の場面

資料として提出しつつ，準備書面等において簡潔に内容を説明する対応が考えられます。当然ながら，学説については，通説や多数説，有力な学者の主張を重視すべきことになります。

　過去の学説等の蓄積が少なく，学者の意見書を準備することもできない場合，準備書面等において，訴訟代理人自身の解釈論を展開せざるをえません。その際には，法令の文言解釈，趣旨解釈を中核として，他の法令や裁判例とのバランス，立法時の資料・国会での議論，社会常識・リーガルマインドとの整合性を考慮しつつ，裁判官にも共感が得られるようなバランスのよい解釈論を展開することが重要です。

Q7　外国法の調査

　外国法の適用や解釈が問題となりそうな事案の場合，どのように対応するのが適切でしょうか。

(1)　外国法が問題となる場合の対応方法

　外国において発生した不法行為や，契約において実体準拠法が外国法と指定されている場合には，日本の裁判所で訴えが提起される場合であっても，外国法の適用や解釈が問題となります。

　通説・判例である外国法法律説によれば，外国法も法律である以上，裁判官が外国法の解釈適用について主導する立場にあることになります。しかし，現実問題として，裁判官も外国法についての知見を有しないことが多いでしょうし，当事者としても，外国法の解釈適用について裁判官任せにするわけにはいきませんので，日本法についての解釈論を当事者同士が争う場合と同様，当事者代理人としては，外国法の解釈適用について依頼者の利益になるような主張立証を展開せざるをえないことになります。

　しかし，たとえば，日本の弁護士が，アメリカのロースクールへの留学経験

を有し，アメリカのいずれかの州の司法試験に合格していたとしても，通常，連邦法や当該州法の具体的な規定や，最新の判例について精通していることはありません。このため，具体的な事案についてどのような法令が存在し，それがどのように解釈適用されるのかについては，当該国の現地法律事務所に対して照会するしか現実的には方法がありません。英米法が問題となっている場合，文献やデータベースで一定程度の「あたり」をつけることは可能ですが，生兵法で中途半端なリサーチをすることは避けるべきです（実際にも，LexisNexisやWestlaw等の海外の法律データベースを使いこなすのは，日常的に利用していないとかなり困難です）。

(2) 外国の現地法律事務所の選び方

現地法律事務所に照会する場合，どのような事務所を選定するかが問題となりますが，やはり渉外分野を多く取り扱っている弁護士に，評判のよいところや過去の仕事ぶりに基づいて紹介してもらうのが最も確実です。また，海外の場合，日本と違って弁護士・法律事務所ランキング等が発達しています（代表的なものとしてはChambersやBest Lawyersなどがあります。ただし，国によってランキングの精度はかなり異なるようですので，あくまで参考としての位置づけです）。その道に詳しい弁護士の紹介をもとに，こうしたランキング等の情報も参考としつつ照会先を決定するのが現実的です。

国によっては法律事務所のレベルの差が極めて大きいところや，同じ論点でも法律事務所の数だけ違う結論を出してくることが日常的という法域もありますので，法律事務所の選定は慎重に行いたいところです。また，法律事務所の報酬体系も千差万別ですので，あらかじめ見積りをしっかりとっておくことが重要です。

なお，日本に事務所を出している欧米系の法律事務所は，他のアジア諸国やヨーロッパ等にもネットワークを有していることが一般ですので，アメリカやイギリスの法律に限らず，まずはこうしたところに相談するのも一つの選択肢でしょう（ただし，コストが高額となりがちであることには注意する必要があ

ります)。

(3)　外国法の調査結果の提出

　調査した外国法の内容については，準備書面に主張として記載するだけでなく，条文を日本語訳とともに証拠提出することが一般的です。条文からは内容が明らかでなく，一定の解釈論が必要となる場合は，当該国の法曹有資格者（通常は弁護士）に意見書（メモランダム）を書いてもらい，それを日本語訳とともに提出している例が多いと思います。

訴え提起の場面（原告側の初動）

1 訴状の作成等

Q8 訴状の長さ

訴状の長さはできるだけ簡潔なほうがよいと言われていますが，どのように考えたらよいでしょうか。

訴訟書類は，「簡潔な文章で整然かつ明瞭に」記載しなければなりません（民事訴訟規則（以下「民訴規則」という）5条）。訴状も同じです。ここで「簡潔」と規定されているのは，表現が簡単で，要領を得ていることです。文書の長さそれ自体は本質的な問題ではありません。

「被告の出方を見る」という訴訟戦略で要件事実のみを記載した骨格だけの訴状を提出する弁護士もいますが，骨格だけの訴状に対する裁判官の印象はよくありません。訴状は，裁判官が最初に目にする書類で，この時点から裁判官の事件マネジメント（スジやスワリの判断によって事件を類型化すること）や心証形成が始まります（門口正人ほか『訴訟の技能』（商事法務，2015）229頁）。裁判官にスジの悪い事件だなという印象を持たれてしまうと，これを挽回するのは大変です。裁判官に有利な心証を抱いてもらうためには，訴状の段

22　第2章　訴え提起の場面（原告側の初動）

階から，要件事実，重要な間接事実および紛争の実体（訴訟に至った経緯等）を記載し，要件事実と重要な間接事実については証拠を提出すべきです。

　とはいっても，詳細な事実関係は，被告の答弁で明らかとなった争点を踏まえて，準備書面で記載しますので（被告が答弁書等で否認した事実に焦点を当てて詳細な事実経緯を主張します），訴状が大部になることはほとんどありません。例外的な事件を除くと20頁以内に収まるはずです。

Q9　訴状の体裁

　訴状の体裁について教えてください。

(1)　裁判文書の体裁一般について

　最高裁が推奨する以下の裁判文書の体裁に従ってください（なお，以下の体裁には，最高裁が推奨するものだけではなく実務で一般的に用いられているものも含まれています）。日本弁護士連合会のウェブサイトから訴状そのほかの裁判文書のひな形（ワード版，一太郎版）を入手することができますから，それを用いると便利です。

　他の体裁を使用することが禁止されているわけではありませんが，裁判官はこの体裁に慣れ親しんでいますから，特別な理由がある場合以外はこの体裁に従ったほうがよいでしょう。

---

①　A4判，横書，片面印刷，1行37文字，1頁26行，左余白30㎜，上余白35㎜
　　なお，左側の余白を設けないと，記録として綴った際に文字が読めなくなりますので注意してください。
②　12ポイント，ただし，見出しの文字の大きさは自由です。
③　読点は「，」を用います。ただし，「、」を用いることも許されます。
④　左余白30㎜以内のところで，ホチキスで2か所をとめます。
⑤　数字は全角とし，たとえば，「５４０万０３２７円」と記載します。

---

⑥　項目の細別は「第1→1→⑴→ア→⑺→a→⒜」とし，符号が変わるごとに一字分右にずらします。

⑦　2枚を超える場合には，下部余白の中央に頁数を付けます。

⑧　文字は明朝体を用います。

⑵　その他

①　目次…分量が多い場合（20頁を超えるような場合）には，目次を付けたほうがよいでしょう。

②　カラー…通常は用いません。例外的に図表で色分けが必要な場合に用います。

③　重要部分を強調するための太文字や下線…好みの問題ですが，太字や下線，傍点については，過度にならない範囲であれば問題ありません。

④　脚注…脚注を用いることがありますが，文献や裁判例を引用する場合等に限定してください。主張内容それ自体は本文に記載してください。

⑤　図表…表はよく用います。図は，文章を分かりやすく説明するために補助的に用いることがあります。

Q10　訴状の必要的記載事項

訴状の必要的記載事項を教えてください。

訴状の必要的記載事項と当該項目を記載するために参照すべき事柄は以下のとおりです。

①　文書の表題…【記載例2】を参照してください。

②　訴状を裁判所に提出した年月日…【記載例2】を参照してください。

③　訴状を提出する裁判所…【記載例2】を参照してください。

④　当事者の氏名または名称および住所ならびに代理人の氏名および住所（民事訴訟法（以下「民訴法」という）133条2項1号，民訴規則2条1項1号）…【記載例2】を参照してください。

24　第2章　訴え提起の場面（原告側の初動）

⑤　事件の表示…裁判例を調査し，同じ訴訟物の事件名を参考にします。
⑥　原告またはその代理人の郵便番号，電話番号（FAX番号）…【記載例2】
　を参照してください。
⑦　送達場所…【記載例2】を参照してください。
⑧　訴訟物の価額…算定の方法はQ19を参照してください。
⑨　貼用印紙額…算定の方法はQ19を参照してください。
⑩　請求の趣旨…記載方法はQ11を参照してください。
⑪　請求の原因…記載方法はQ11を参照してください。
　（民訴法133条2項2号，民訴規則53条1項）
⑫　争点である事実に関連する重要な事実および証拠（民訴規則53条1項）…
　記載方法はQ13参照を参照してください。
⑬　証拠方法…【記載例2】を参照してください。
⑭　附属書類…【記載例2】を参照してください。

記載例2　　訴状（共同不法行為者間の求償請求の例）

訴　　　状

収　入
印　紙
（○万○円）

平成○年○月○○日

○○地方裁判所民事部　御中

　　　　　原告訴訟代理人弁護士　　甲　山　太　郎　㊞

〒○○○－○○○○　東京都△△区□□○丁目○○番○号
　　　　　　原　　　　告　甲　野　一　郎
〒○○○－○○○○　東京都○○区××○丁目○番○号□□ビル○階
　　　　　甲野法律事務所（送達場所）
　　　　　上記訴訟代理人弁護士　　甲　山　太　郎
　　　　　　　　電　話　０３－○○○○－○○○○
　　　　　　　　ＦＡＸ　０３－○○○○－○○○○
〒○○○－○○○○　東京都△△区□□○丁目○番○－○○○号
　　　　　　被　　　　告　乙　川　次　郎

〒○○○－○○○○　東京都△△区□□○丁目○番○－○○○号
　　　　被　　　　告　　乙　　川　　三　　郎

求償金請求事件
　　訴訟物の価額　　○万円
　　ちょう用印紙額　○万○円

第1　請求の趣旨
　1　被告乙川次郎は，原告に対し，金○万円及びこれに対する平成○年○月
　　○日から支払い済みまで年5分の割合による金員を支払え。
　2　被告乙川三郎は，原告に対し，金○万円及びこれに対する平成○年○月
　　○日から支払い済みまで年5分の割合による金員を支払え。
　3　訴訟費用は，被告らの負担とする。
　　との判決並びに仮執行宣言を求める。

第2　請求の原因
　1　当事者
　（1）　原告
　　　　原告は○である。
　（2）　被告乙川次郎
　　　　　…
　2　共同不法行為
　　　　被告乙川次郎，被告乙川三郎及び原告は，平成○年○月○日，法律上販
　　売することを禁止されている機械であることを知りながら，このことを秘
　　して訴外丙島四郎に当該機械○台を売った（以下，「本件不法行為」という。
　　甲1：売買契約書，甲2：パンフレット）。
　3　訴外丙島四郎の損害の発生とその金額
　　　　訴外丙島は，上記機械を購入したことにより，○○の損害を被った。訴
　　外丙島の被った損害は○円を下らない。
　4　原告による訴外丙島に対する弁済
　　　　原告は，訴外丙島から，平成○年○月○日，上記3の損害賠償として金
　　○万円を請求され，同日これを支払った。
　5　求償権の発生

上記2のとおり，原告，被告乙川次郎及び被告乙川三郎は，本件不法行為を共同した共同不法行為者である。

共同不法行為者の一人が自己の負担部分を超えて被害者に損害を賠償した場合には，他の共同不法行為者に対して各自の負担割合の範囲内で求償をすることができる（最判昭和63年7月1日・民集42巻6号451頁）ところ，前記4のとおり，原告は，訴外丙島に対し，金○万円を賠償したのであるから，原告は被告らに対し，自己の負担部分を超えて賠償した部分について求償をすることができる。

6　共同不法行為者間の負担割合

後述第3の被告らの不法行為の具体的な態様からすると，原告，被告乙川次郎及び被告乙川三郎の負担割合は，1：2：3とすべきである。

7　履行の催告

そこで，原告は，被告乙川次郎に対し，平成○年○月○日付内容証明郵便（平成○年○月○日到達）にて，求償金として金○万円を支払うよう催告し（甲7の1・2：催告書及び配達証明書），また，被告乙川三郎に対し，平成○年○月○日付内容証明郵便（平成○年○月○日到達）にて，求償金として金○万円を支払うよう催告した（甲8の1・2：催告書及び配達証明書）。

しかしながら，被告らは，上記支払いをしない。

8　まとめ（一部請求）

よって，原告は，共同不法行為者間の求償金請求として，被告乙川次郎に対しては，金○万円の支払請求権，被告乙川三郎に対しては金○万円の支払請求権を有する。

そして，原告は，共同不法行為者間の求償請求として，被告乙川次郎に対しては，上記求償金の一部である金○万円及びこれに対する上記7の催告書が到達した日の翌日である平成○年○月○日から支払い済みまで民法所定の年5分の割合による遅延損害金の支払いを，被告乙川三郎に対しては，上記求償金の一部である金○万円及びこれに対する上記7の催告書が到達した日の翌日である平成○年○月○日から支払い済みまで民法所定の年5分の割合による遅延損害金の支払いを求める。

第3　重要な間接事実

1　本件不法行為を行うに至った事実経緯

…

2　本件不法行為における各当事者の役割
　　…
3　まとめ
　　以上のとおり，被告乙川三郎は，本件不法行為を首謀したものであり，中核的な実行行為を行ったものであり，被告乙川次郎は，原告を本件不法行為に勧誘したものであり，実行行為の重要な一部を行っている。これに対して，原告は，本件不法行為の重要な部分には関与しておらず，副次的な役割を担ったにすぎない。
　　よって，本件不法行為に基づき訴外丙島が被った損害に関する原告，被告乙川次郎及び被告乙川三郎の負担割合は１：２：３とすべきである。

証　拠　方　法

1	甲第１号証	売買契約書
2	甲第２号証	パンフレット
	…	
	甲第７号証の１，２	催告書及び配達証明書
	甲第８号証の１，２	催告書及び配達証明書

附　属　書　類

1	訴状副本	2通
2	甲号証の写し	各3通
3	訴訟委任状	1通

以　上

Q11　請求の趣旨と請求の原因

　請求の趣旨と請求の原因を正しく記載するにはどのようにすればよいでしょうか。

28　第2章　訴え提起の場面（原告側の初動）

(1)　訴訟物の確定

　請求の趣旨と請求の原因を正しく記載するためには，その前提として，当該訴訟で請求する権利＝訴訟物を確定する必要があります。

　請求する権利（訴訟物）を確定するためには，民法，商法，会社法，労働法，借地借家法等の実体法の知識が不可欠です。実体法の知識に誤りがあると，訴訟を提起しても勝ち目はありません。知的財産権など専門的法律知識が不可欠な分野の訴訟については，専門家以外の弁護士は手を出さないのが賢明だと思います。仮に，受任するとしても，専門家である弁護士と共同受任したほうがよいでしょう。

　請求する権利（訴訟物）を確定する際は，原則として，「①証拠によって立証可能な事実関係を確定する。→②確定した事実関係に無理なく適合する実体法上の権利を確定する。」という手順を踏んでください。これとは逆に，「①主張したい実体法上の権利を確定する。→②当該実体法上の権利の要件事実をなんとか探し出す。」という手順は望ましくありません。結局，事実を立証することができずに負けてしまう可能性があるからです。

　「証拠によって立証可能な事実関係を確定する」ためには，時系列表を作成するのが最善の方法です。時系列表の作成方法はQ4を参照してください。

　「実体法上の権利を確定する」ためには，条文，判例・裁判例および文献の調査が必要です。特に，条文の原文を必ず確認してください。調査方法についてはQ5，6を参照してください。

　また，複数の訴訟物（実体法上の権利）が成立しうる場合等，どの訴訟物を選択するかについては，Q15を参照してください。

(2)　請求の趣旨を正しく記載する方法
(i)　一般的な請求趣旨の記載方法

　請求の趣旨では，原告が裁判所に対していかなる判決主文を求めるかを記載します。請求の趣旨の記載方法には，実務の決まり（お作法）がありますので，司法研修所の手引き（「民事弁護の手引き」，「民事判決起案の手引き」）等の文

献および類似する事案の過去の裁判例（「主文」と「当事者の請求」の箇所）を参考にして，実務の決まりに従って記載してください。実務の決まりと異なる方式で記載すると裁判所から補正を命じられることになりますし，勝訴しても強制執行ができないことがあります。文献や裁判例が間違っている場合もありますので，複数の文献と裁判例を確認して慎重に記載してください。

(ii) 特に注意が必要な事項

ア 確認の訴え

確認の訴えの場合，確認の利益が必要です。給付の訴えが可能な場合には，確認の利益は原則として認められません。たとえば，金100万円の請求訴訟を提起することができる場合には，金100万円の請求を受ける地位にあることの確認訴訟を提起することはできません。

したがって，確認の訴えを提起しようとする場合，確認の利益が認められるかどうかを同種事案の裁判例や文献で検討してください。

イ 登記に関する訴訟

請求の趣旨を記載するうえで特に注意が必要なのは登記に関する訴訟です。登記に関する訴訟については，仮に原告が請求の趣旨で記載したとおりの判決主文を得た場合であっても登記できないことがあるからです（裁判所が認めても登記所が認めない場合があるということです）。したがって，典型的な事案は別ですが登記に関する訴訟については，請求の趣旨の記載方法について事前に法務局や司法書士に確認することをお勧めします。確認の方法としては，「判決で「○○」という主文を得た場合，この主文で登記可能ですか？」などと照会してください。

ウ 遅延損害金

遅延損害金を請求する場合には，訴訟物によって利率が異なりますので注意してください。

---

① 民事法定利率　年5％（民法419条1項本文・404条）

30　第2章　訴え提起の場面（原告側の初動）

　　契約で遅延損害金について合意をしている場合または商法その他の法律で特別の定めがある場合を除き，遅延損害金は年5％です。

　　ただし，平成29年の民法改正によって，法定利率は原則3％に変更になります（改正民法404条2項）。

② 商事法定利率　年6％（商法514条）

　　商行為によって生じた債務であり，未払賃金の請求も含まれます。

　　ただし，平成29年の民法の一部を改正する法律の施行に伴う関係法律の整備等に関する法律によって，商法514条は削除され，民法の法定利率が適用になります。

③ 退職した労働者の未払賃金（賃金の支払の確保等に関する法律6条）
年14.6％

④ 地代増減額請求

　　既に支払った金額と裁判で確定した額との差額について1割の利息を請求することができます（借地借家法11条2項ただし書・3項ただし書）。

⑤ 損害賠償の予定の約定がある場合（民法420条1項）

　　原則は約定どおりですが，法律で制限されている場合があります（利息制限法4条，消費者契約法9条および労働基準法16条）ので，金銭消費貸借契約や消費者契約等に基づく請求の場合は注意してください。

エ　被告が複数の場合

被告が複数の場合の請求の趣旨の記載例は以下のとおりです。

① 「被告らは，原告に対し，金150万円を支払え。」

　　各被告に対して，それぞれ75万円ずつの支払いを求める場合の記載例です。もっとも，実務では，「1　被告Aは，原告に対して75万円を支払え。2　被告Bは，原告に対して75万円を支払え。」というように被告Aに対する請求と被告Bに対する請求を分けて記載することが多いように思います。

② 「被告らは，原告に対し，それぞれ金150万円を支払え。」

　　各被告に対して，別個に150万円ずつの支払いを求める場合の記載例です。もっとも，この場合も，実務では，「1　被告Aは，原告に対して150万円を支払え。2　被告Bは，原告に対して150万円を支払え。」というように被告Aに対する請求と被告Bに対する請求を分けて記載することが多いように思います。

③ 「被告らは，原告に対し，連帯して金１５０万円を支払え。」
　各被告に対して，連帯債務の支払いを求める場合の記載例です。

オ　不動産の特定

　土地は登記簿謄本の所在，地番，地目および地積によって特定し，建物は登記簿謄本の所在地，家屋番号，種類，構造および床面積によって特定するのが通常です。もっとも，一筆の土地の一部や，一棟の建物の一部を対象とする場合には，図面を併用して，たとえば，「別紙図面のイロハニホイの各点を順次直線で結んだ線で囲まれた範囲の部分８０．１１平方メートル」と記載します。

(3)　請求の原因を正しく記載する方法

(i)　一般的な請求原因の記載方法

　請求の原因では，原告の「請求を理由づける事実」と「よって書き」を記載します。「請求を理由づける事実」は，いわゆる要件事実のことです。要件事実の意味，重要性については，Q12を参照してください。また，「よって書き」とは，請求の原因の最後のまとめとして，原告が求める請求がどのような権利または法律関係に基づくのかを結論づけるとともに，原告が求める請求の趣旨と請求原因との結びつきを明らかにするために，通例として記載するものです。たとえば，売買代金支払請求であれば，「よって，原告は被告に対して，上記売買契約に基づき，代金１００万円の支払いを求める。」と記載します。

　要件事実と「よって書き」を漏れなく記載するためには，司法研修所の手引き（「民事弁護の手引き」，「民事判決起案の手引き」の事実摘示記載例集）等の文献および類似する事案の過去の裁判例（「争いのない事実」と「争点」の箇所）を参考にして要件事実が何かを把握する必要があります。要件事実や「よって書き」の記載方法はある程度定型化されていますので，迷うことはそれほどありません。また，司法研修所では定型の記載例を教わりますが，実務ではこれをそのまま用いず，事案に応じて柔軟にアレンジして構いません。たとえば，売買契約に基づく代金支払請求権の要件事実としては，司法研修所の

民事裁判起案では，「原告は，被告に対して，平成３０年１月１日，商品Ａを代金１００万円で売った」と記載するように指導されますが，実務では「売買契約を締結した」と記載する場合もあります。

(ii) 不法行為や規範的要件事実の記載方法

　複雑な不法行為や規範的要件事実は，定型化された記載例が見当たらず，また，要件事実に該当しうる具体的な事実が複数存在するため，どのように記載すべきか悩むことが少なくありません。

　ア　不法行為（権利侵害行為）の特定

　複雑な不法行為（権利侵害行為）の請求原因に関して，実務上問題のある訴状を目にすることがあります。よく目にするのが，関連する事実を詳細に記載し，「このような一連の不法行為」などと記載する方法です。しかし，このような記載は好ましくありません。一連の事実の中で，どの事実が「他人の権利を侵害する行為」（民法709条）なのかを特定しなければなりません。たとえば，「原告は，被告に対して，平成○年○月頃，『この土地には有害物質は含まれていません。』などと告げて被告を欺いた。」というように具体的に不法行為（権利侵害行為）を特定してください。

　不法行為（権利侵害行為）が複数存在する場合，訴状の段階では，すべての不法行為（権利侵害行為）を記載するのではなく，重要な不法行為（権利侵害行為）に絞って記載することが多いように思います。その際，①主要な行為かどうか，②客観的証拠により立証可能な行為かどうかによって，記載する不法行為（権利侵害行為）を選別してください。

　訴訟提起時点において不法行為（権利侵害行為）の態様等を具体的に特定するのが困難な事案もあります。その場合には，「不法行為の詳細については，被告の刑事事件の事件記録を入手した後に補充する。」などと付記してください。

　イ　規範的要件

　規範的要件とは，表見代理の要件である「正当事由」（民法110条）や不法行

為の要件である「過失」（同法709条），普通解雇の要件である「客観的に合理的な理由」（労働契約法16条）など，法律の定める要件が抽象的で評価を必要とする要件のことです。規範的要件の場合，規範的要件を根拠づける具体的事実（評価根拠事実）が要件事実です。

たとえば，「過失」の場合，予見可能性を根拠づける具体的事実と結果回避義務を根拠づける具体的事実が評価根拠事実（要件事実）です。

訴状の段階では，評価根拠事実の全部を記載するのではなく，重要なものに絞って記載することが多いように思います。その際，①規範的要件を強く根拠づける事実かどうか，②客観的証拠により立証可能な事実かどうかによって記載する評価根拠事実を選別してください。

また，評価根拠事実を記載する場合は，どうしてその評価根拠事実が法律の定める抽象的な要件（規範的要件）を根拠づけるのかという経験則に関する事柄を記載してください。たとえば，「Xは，□□プロジェクトの主任であるにもかかわらず，当社の取引相手であるA社との当該プロジェクトのキックオフ会議に無断で欠席した。プロジェクトの主任がキックオフ会議に無断欠席するということは，○○の業界ではあり得ないことであり，取引先の信頼を失うおそれのある致命的な行為である。よって，Xに対する解雇には合理的な理由がある。」などのように，具体的事実の摘示に続いて，その事実がどのように評価されるべき行為なのかを記載します。

Q12 要件事実

実務において要件事実はどのように重要になってくるのでしょうか。

(1) 要件事実

要件事実とは，一定の法律効果を発生させる法律の要件に該当する具体的事実です。

34 第2章 訴え提起の場面（原告側の初動）

　法律にすべての要件事実が明示されているわけではありませんので，訴状を作成するにあたっては，文献等で要件事実を調査し，正しく記載しなければなりません（要件事実の記載方法については，Q11を参照してください）。

---

①　訴訟物＝訴訟で請求する権利
　（例）売買契約に基づく代金支払請求権
②　一定の法律効果を発生させる法律の規定＝民法，商法等の実体法の各規定
　（例）民法555条「当事者の一方がある財産権を相手方に移転することを約し，相手方がこれに対してその代金を支払うことを約する」
③　法律の要件＝法律の規定に定められた法律効果が発生するための要件
　（例）売買契約を締結したこと
④　要件事実＝法律の要件に該当する具体的事実
　（例）原告は，平成〇年〇月〇日，被告に対し，「〇〇」と題する本1冊を代金〇円で売った。

---

(2)　要件事実の重要性
(i)　要件事実の記載漏れによって法的不利益を受ける場合がある
　要件事実の記載漏れによって，以下のような法的不利益を受ける場合があります。

　　①　第1回口頭弁論期日において被告が答弁しない場合でも口頭弁論の終結ができない。

　被告が答弁書を提出せずに第1回口頭弁論期日に欠席した場合には，第1回口頭弁論期日で終結し，次回判決言渡期日で勝訴判決を受けることができます。しかし，要件事実に漏れがある場合には，訴状を補正して被告に再送達しなければなりませんので，第1回口頭弁論期日において口頭弁論の終結をすることができません。再送達しますと，被告が翻意して争い，訴訟が継続することにもなりかねません。

　　②　裁判上の自白が成立する。

　相手方の主張する要件事実を誤って認めてしまった場合（「認める」という

認否をした場合）には，裁判上の自白（民訴法179条）が成立します。この場合，誤って認めてしまった要件事実が真実ではないことおよび認めたことについて錯誤があったことを証明しない限り，撤回することができません（大判大11年2月20日大民集1巻52頁）。

③　敗訴

要件事実に漏れがある場合，理論上は，敗訴することになります。もっとも，通常は裁判所からの釈明によって補正されます。万が一，要件事実の欠缺を看過して判決が下された場合，控訴審において当該要件事実について改めて審理がなされます。

(ii)　訴訟は要件事実の有無を審理する場所

訴訟の対象は，訴訟物（＝原告が請求する権利）ですが，訴訟物の存否は要件事実の有無によって決まりますから，訴訟は「要件事実の有無を審理する場所である」ということができます。そのため，訴訟手続のすべての場面で要件事実を意識する必要があります。

訴状や準備書面は，無駄のない簡潔な内容としなければなりませんが，無駄な記載かどうかは，基本的には要件事実との関係で判断します。たとえば，要件事実を証明することができる客観的な証拠（契約書等）がある場合には，当該要件事実に関する間接事実や背景事情を記載する必要はありません。また，要件事実を推認させる間接事実や背景事情を記載する場合には，関連しそうな間接事実をすべて記載するのではなく，要件事実との関係で重要性や優劣を一つひとつ検討し，重要性の低い間接事実は思い切って記載しないということもあります。要件事実と関係のない相手方当事者の悪性に関する事情ばかりを主張する書面を目にすることがありますが，このような主張は意味がないことがほとんどです。たとえば，「売買契約の締結」という要件事実が争点となる訴訟において，「被告は飲酒運転で捕まったことがある」という被告の悪性に関する事実を主張しても意味がありません。要件事実と関係のない事実を記載するということは，それ自体訴訟のルール違反とみなされ，裁判官から悪印象を

持たれることすらあります。相手方の主張書面において，要件事実と明らかに無関係の事実を主張している場合には，「要件事実と無関係な事実である。」と指摘します。

　裁判所の期日対応を適切にするためにも，要件事実の理解は必須です。裁判官は，常に，「どの要件事実の有無に争いがあるのか。その要件事実に関する証拠や間接事実は何か。」ということを意識しています。したがって，期日において，裁判官から，争点が何かを確認する質問をされた場合には，「本件の争点は，○○（要件事実）の存否だと理解しています。具体的には，○○に関する重要な間接事実である□□という事実の存否が争点だと理解しています。」などと回答します。また，今後の訴訟進行に関する意見を述べる際にも，「本件の争点は，○○（要件事実）の存否だと理解しています。その証拠として，△が提出されていますが，立証を補充するために，証人尋問を申請する予定です。」などと述べます。

(iii) 要件事実の理解は訴訟の見通しを立てるうえでも不可欠

　訴訟を提起するか否か，主張や証拠を補充する必要があるか否か，和解をするかどうか，控訴をするかどうかを検討する際には，訴訟の見通しを立てる必要があります。この見通しを立てる場面においても要件事実は重要です。ほとんどの事件は，要件事実についてどのような証拠や間接事実があるかを分析することで訴訟の勝敗を予想することができるからです。

　たとえば，「消費貸借契約の締結」という要件事実が争点である場合を想定してみます。消費貸借契約書があれば通常は「消費貸借契約の締結」が認められます。したがって，この訴訟は勝てる見込みが非常に高いと予想することができます。他方で，消費貸借契約書がない場合には，「消費貸借契約の締結」を立証することは難しいので，勝つことが難しい訴訟ということになります。もっとも，「家族でもないのに毎月一定額を振り込んでいた」という間接事実が認められるのであれば，「第三者に毎月一定額を贈与することは通常はない」という経験則から，「消費貸借契約の締結」があったことが強く推認されます。

消費貸借契約書がなくても，要件事実を強く推認させる間接事実があるため，勝訴の可能性が高いと予想することになるのです。

このように，訴訟で見通しを立てる際には，要件事実を立証することができる証拠の有無，要件事実を推認することができる間接事実の有無を検討することが不可欠なのです。

Q13　要件事実以外の記載の範囲

訴状を作成する際，要件事実に該当しない事実をどこまで記載すべきでしょうか。予想される抗弁・再抗弁等の記載は必須でしょうか。

(1)　被告から反論がなされない見込みの場合

事前交渉の際に被告が請求を認めていた場合などは，訴訟になっても被告から反論がなされない可能性が高いということができます。このような場合には，請求原因として要件事実と「よって書き」のみを記載すれば足ります。

この点に関して，民訴規則53条1項は，「立証を要する事由ごとに，当該事実に関連する事実で重要なもの及び証拠を記載しなければならない。」と規定していますが，「立証を要する事由」とは，「原告において，被告が争って立証を要することとなると予想する事由（いわゆる予想される争点）」（最高裁判所事務総局民事局監修『条解民事訴訟規則』（司法協会，1997）116頁）の意味ですので，「立証を要する事由」がない場合には，重要な間接事実の記載は不要です。また，このような事案の場合，争点や背景事情等の記載も不要です。

(2)　被告から反論がなされる可能性がある場合（反論の見込みがわからない場合も含む）

(i)　重要な間接事実

被告から反論がなされる可能性がある場合には，重要な間接事実の記載の要

否を検討する必要があります。

　この点，要件事実を証明することができる客観的な証拠（契約書等）がある場合には間接事実を記載する必要はありません。

　これに対して，要件事実を証明することができる客観的証拠がない場合には，要件事実を推認させる間接事実を記載しなければなりません。これが記載されていないと，裁判官に「スジの悪い事件だな」との印象を持たれてしまいます。

　たとえば，消費貸借契約に基づく貸金返還請求訴訟において契約書がない場合を想定してみます。要件事実だけを記載した訴状を提出した場合，裁判官は，「契約書がないというのはスジがよくないな」と考えます。他方で，要件事実に加えて，「毎月一定額を返済していた」という間接事実を記載した場合には，「なるほど契約書がなくても実際に弁済していたのであれば，原告の請求は認められる可能性は十分にあるな。弁済が他の理由に基づくものでないかが争点だな」と考えます。重要な間接事実を記載するかどうかによって裁判官の第一印象が全く異なるのです。

　もっとも，訴状の段階では，詳細な間接事実を記載する必要はありません。重要なものだけ記載すれば足ります。重要な間接事実とは要件事実を強く推認させる間接事実のことです。

(ii)　紛争の実体

　法律に定めはありませんが，実務では，訴状に紛争の実体を記載することがあります。

　訴状の段階から，裁判官の事件マネジメント（スジやスワリの判断によって事件を類型化すること）や心証形成が始まることを考えると（門口正人ほか『訴訟の技能』（商事法務，2015）229頁），訴状に紛争の実体を記載することで裁判官に有利な心証を抱いてもらうことができる場合もあると思われます。

　紛争の実体を記載する場合，「請求の原因」の箇所とは別に「訴訟に至る経緯」や「紛争の実体」と題して，背景事情や相手方の事前交渉における主張の不当性を記載する例が多いように思います。

(iii) 抗弁や再抗弁

予想される抗弁や再抗弁の記載を訴状に記載することは必須ではありません。むしろ，原則としては記載しないことが多いと思います。例外的に，①事前交渉から相手方が訴状において当該抗弁を主張することが明確であり，②当該抗弁とそれに対する反論を先回りして訴状に記載することで後に不利に作用しないという確信があり（たとえば，当該再抗弁を立証できる客観的な証拠がある場合等），かつ③記載することで訴訟が迅速に進むような場合には，例外的に，訴状で抗弁や再抗弁を記載することがあります。

たとえば，事前の内容証明郵便のやり取りにおいて，被告が，消滅時効の抗弁を主張している場合には，「債務承認」の再抗弁を訴状において主張することなどが考えられます。

なお，以下の抗弁については，通常，訴状の段階で記載します。

ア 弁済の抗弁

弁済は抗弁ですが，訴状に記載します。弁済の事実を考慮しないと，訴額が大きくなって無駄に印紙代を負担することになりますし，不当訴訟として裁判官の心証を害するおそれがあるからです。

イ 自己の債務の履行の再抗弁

自己の債務の履行は，同時履行の抗弁に対する再抗弁ですが，通常は訴状に記載します。

Q14 間接事実・背景事情の記載方法

> 訴状を作成するにあたって，できる限り要件事実と間接事実（事情）を分けて記載すべきであるといわれていますが，どの程度徹底すべきでしょうか。また，背景事情等はどこに記載すればよいでしょうか。

民訴規則53条2項は，「請求を理由づける事実」（要件事実・主要事実）につ

40　第2章　訴え提起の場面（原告側の初動）

いての主張と「（要件）事実に関連する事実」についての主張をできる限り分けて記載すべきであると定めています。もっとも，この規定は訓示規定です。実務では必ずしも要件事実と間接事実を厳密に分けて記載していません。

　要は，裁判官から見て，要件事実と間接事実を迷うことなく判別できるように記載されていれば問題はありません（形式が重要でないことについて，前掲『条解民事訴訟規則』117頁）。たとえば，「原告と被告との間で，平成２９年３月，下記内容の消費貸借契約を締結した。かかる事実は，翌月の月末から毎月１０日ころに，被告から原告に対して月１万円ずつが原告名義の銀行口座に振り込まれているという事実から推認される。」と記載すれば，前半が要件事実で，後半が間接事実であることは明らかですので，このような記載方法でも問題ありません。

　他方で，複雑な事実関係や法的な評価をきちんと説明したほうがよい場合には，「請求の原因」とは別の項目（【記載例２】参照）を設けることもあります。

　また，背景事情は，「請求の原因」とは別に「訴訟に至る経緯」という項目を設けて，その中で記載することが多いと思います。

Q15　訴訟物を取捨選択する視点

　法律上複数の訴訟物が成立する場合，どのように訴訟物を選択すればよいでしょうか。

(1)　訴訟物の選択

　訴訟物の選択において最も重要なことは，法律および判例をきちんと調査し，当該事実関係の下で成立する余地のある訴訟物を選択することです。

　実務では，法律上成立する余地のない訴訟物を記載した訴状を目にすることがありますが，このような訴状を提出すると，裁判官から法的知識に乏しい弁護士であるとの印象を持たれてしまいます。

(2) 複数の訴訟物が成立する場合の訴訟物の選択

　実務において，複数の訴訟物が成立するケースとしては，以下の３つが考えられます。それぞれのケースにおいて，どのように訴訟物を選択すべきかを解説します。

(i) 同じ事実関係の下で複数の請求権が併存する場合

　たとえば，売主に欺かれて不良品を買った場合には，債務不履行に基づく損害賠償請求権（民法415条）と不法行為に基づく損害賠償請求権（民法709条）の２つの訴訟物（請求権）が成立する可能性があります。

　このようにある同じ事実関係の下で複数の訴訟物（請求権）が併存する可能性がある場合，各請求権の法律効果が同じである場合には，複数の請求権を並列的に主張することができます（複数の請求権のいずれか一つを認容せよという主張です。これを選択的請求といいます）。これに対して，各請求権の法律効果に違いがある場合には，各請求権に順番をつけて第１順位（法律効果が有利なほうの請求）を主位的請求，第２順位（法律効果が劣るほうの請求）を予備的請求として主張することができます（まずは，第１順位の主位的請求の認容を求めますが，それが認められない場合には第２順位の予備的請求の認容を求めます）。

　もっとも，ある同じ事実関係の下で複数の訴訟物（請求権）が成立する可能性がある場合であっても，訴状においてそのすべての訴訟物（請求権）を記載したほうが得策であるというわけではありません。なぜなら，考えうる訴訟物のすべてをいたずらに記載した訴状は裁判官の印象がよくないからです。「どの請求も自信がないからなんでもかんでも記載しているのではないか」という印象を持たれてしまう可能性があるのです。

　そのため，法律効果が同じ訴訟物（請求権）が併存する場合（選択的請求の場合）には，各訴訟物（請求権）の要件事実と証拠を検討し，認められる可能性がより高い訴訟物（請求権）に絞ったほうが得策な場合が多いと思います。このように訴状で主張を絞ったとしても，その後訴訟進行に応じて主張を追加

第2章　訴え提起（原告）

42 第2章　訴え提起の場面（原告側の初動）

することは可能です。ただし，主張の追加は原則として，争点整理手続が終了
する前に行う必要がありますので，時機を失することのないよう注意してくだ
さい（民訴法167条・174条・178条）。

　予備的請求に関しても，訴状で記載するのではなくて，審理がある程度進行
した時点（ただし，争点整理手続の終了前）において追加したほうがよい場合
が多いと思います。

(ii)　ある事実の存在を前提にすると請求権Aが発生するが，この事実の存在を前提にしないと請求権Aは発生しないものの，別の請求権Bが発生する場合

　たとえば，売買契約について綿密な交渉を重ねてきた当事者間において，
「売買契約締結の事実」が認められる場合には，契約責任（たとえば，売買契
約の債務不履行に基づく損害賠償請求権）が成立します。しかし，「売買契約
締結の事実」が認められない場合には，契約責任は発生しませんが，契約締結
上の過失に基づく損害賠償請求権が発生する可能性があります。

　この場合は，効果の面で有利な請求権（訴訟物）を主位的請求，効果の面で
劣る請求権（訴訟物）を予備的請求として主張することができます。たとえば，
上記の例ですと，売買契約の債務不履行に基づく損害賠償請求の場合は履行利
益の賠償まで認められるのに対して，契約締結上の過失に基づく損害賠償請求
の場合は信頼利益（履行利益と信頼利益の違いはQ16を参照）の賠償しか認め
られませんので，前者のほうが効果の面で原告に有利です。そのため，実務で
は主位的請求として売買契約の債務不履行に基づく損害賠償請求，予備的請求
として契約締結上の過失に基づく損害賠償請求権を主張することが多いと思わ
れます。

　もっとも，訴状の段階から予備的請求を記載すると，「主位的請求に自信が
ないのであろう」という印象を裁判官に持たれることを懸念して，訴状の時点
では主位的請求のみを主張し，訴訟の進行に応じて予備的請求を追加するとい
う方法を取ることもあります。

また，場合によっては（たとえば，主位的請求と予備的請求の法的効果が大きく異なり，予備的請求で勝訴したとしても到底納得できないような事案の場合），主位的請求の訴訟で敗訴した後に改めて予備的請求に関する訴訟を別訴として提起するという方法を取ることもあります。もっとも，別訴提起は同一訴訟内で請求するよりも大きな負担（印紙，弁護士費用，訴訟追行の期間）を伴いますので，別訴提起という方法を選択するのは例外的な場合だけでしょう。また，予備的請求を別訴で行う場合，消滅時効に注意する必要があります。

(ⅲ)　AかBのいずれかに対する請求権が成立することは確実である場合

たとえば，土地所有者であるXがAの代理人であるBとの間で土地の売買契約を締結したものの，Bに無権代理の疑いがある場合，Aに対する売買代金支払請求権かBに対する無権代理人の責任に関する請求権（民法117条1項）かのどちらかは成立します。

この場合，Aに対して売買代金支払請求訴訟を提起し，敗訴した場合に別訴を提起して無権代理人Bの責任を追及するという方法を取ることが考えられます。しかし，この方法を取った場合は，Aに対する売買代金支払請求訴訟（前訴）と無権代理人Bに対する訴訟（後訴）とが別々の裁判官によって判断されることになるため，前訴と後訴の両方で敗訴してしまう可能性があります（具体的には，前訴の裁判官がBの無権代理であると判断し，後訴の裁判官が無権代理ではなく本人Aに売買契約の効果が帰属すると判断した場合，原告は前訴でも後訴でも敗訴することになります）。

そこで，AかBのどちらかに対する請求権が成立することは確実である場合には，AとBの双方を共同被告として訴えを提起し，同時審判の申立てを行います（民訴法41条）。同時審判の訴えをすると，弁論を分離することができなくなり，同じ裁判官が判断することになるため，AとBの両方に敗訴するという事態を避けることができます。

44 第2章　訴え提起の場面（原告側の初動）

Q16　請求額の決定方法

損害賠償請求訴訟の場合，損害額をどのように算定すべきでしょうか。

(1)　損害賠償請求訴訟における請求額の決定方法

　債務不履行あるいは不法行為に基づく損害賠償請求訴訟を提起する場合，損害の発生および額は，原告が主張立証責任を負担する事実です。ここで，主張立証責任を負担するというのは，原告が主張を行わなかった場合，あるいは，主張をしたものの立証が失敗した場合に，原告が不利益を被るということです（具体的には，主張しなかった事実あるいは立証に失敗した事実が認められないという不利益を被ります）。

　損害の発生および額を正しく主張するためには，損害の項目を漏れなく拾い上げることが重要です。

(2)　損害の項目

　損害の項目を漏れなく拾い上げるためには，損害の項目としてどのような項目があるかについての知識が不可欠です。以下，代表的な損害項目を例示しますが，実際に訴訟を提起する場合には，同種事案の裁判例を複数参照して，どのような損害項目が認定されているかを確認してください。

(i)　債務不履行に基づく損害賠償請求

　　ア　履行利益（契約に基づく履行がなされたならば債権者が得られたであろう利益）

　当該目的物の交換価値，代替取引に要した費用（同等物を高額で買い入れなければならなかった費用），転売利益その他の逸失利益，第三者に支払った違約金，営業利益等など

イ　信頼利益（契約が有効であると信じたことによって失った利益）
契約締結費用，調査費用など

(ii) 不法行為に基づく損害賠償請求
ア　財産的損害
- 積極損害（物損…修理費，交換費用等，人損…治療費等）
- 消極損害（逸失利益，休業損害，営業損害）

イ　慰謝料（死亡・後遺症・入通院・その他の慰謝料）

(3) 損害の額
(i) 最大額の請求が原則
　訴訟において，原告の請求金額を超える金額が認容されることはありえません（処分権主義）。また，実務上，請求金額それ自体が，和解をする際の考慮要素の一つとなることもあります（たとえば，100万円を請求している場合と1億円を請求している場合とを比べると，1億円を請求している場合のほうが和解金額が大きくなる傾向があるということです）。したがって，訴訟で金銭の給付請求を行う場合には，相応の根拠が存在する限り最大額を請求するのが原則です。

　もっとも，むやみやたらに請求額を多く見積もることはしないでください。不当に訴額を膨らませた場合には，印紙額がその分増えてしまいますし，依頼者から「弁護士報酬を増やすためではないか」との疑問を持たれることにもなりかねません。

　したがって，損害額は相当の根拠がある金額のみを請求すべきです。相応の根拠があるというのは，その損害額を立証し得る可能性があるということです。

(ii) 民訴法248条
　損害が発生したこと自体は明らかで，かつ，その額を立証することが極めて困難な場合には，裁判所は相当な額を認定することができます（民訴法248条）。

46　第2章　訴え提起の場面（原告側の初動）

しかし，民訴法248条が適用されるのは極めて限定的な場面ですし，この条項を適用する場合には，裁判所は控えめな損害のみを認定する傾向があります。したがって，民訴法248条に頼るのは，立証手段が全く考えられないようなごく例外的な場合のみです（最終手段）。

Q17　一部請求

　一部請求はどのような場合に行われるのでしょうか。一部請求を行う場合に注意すべきことを教えてください。

(1)　一部請求とは何か

　一個の債権の数量的な一部についてのみ判決を求める旨を明示して訴訟を提起することを一部請求といいます。具体的には，請求の原因において，「損害額は５０００万円であるが，原告は本訴においてその一部の１０００万円を請求する。」などと記載します。

　一部請求であることを明示して訴えを提起した場合には，確定判決の既判力は残部には及びません（最判昭37年8月10日民集16巻8号1720頁）ので，残部について別訴を提起することができますが，一部請求であることを明示しなかった場合には，残部について別訴を提起することはできなくなります。

　たとえば，200万円の損害賠償を求めた訴訟を想定してください。この訴訟の判決の理由において，「損害額が４００万円と認定できるので，原告の請求する２００万円を認めることができる」と判示されていた場合であっても，一部請求であるということを明示していなかった場合には，原告は，残りの200万円を請求するための別訴を提起することができなくなるのです（同じ事件の控訴審で請求の拡張が認められる余地はあります）。

(2)　どのような場合に一部請求を行うか

　訴訟で金銭の給付請求を行う場合には，相応の根拠が存在する限り最大額を請求するのが原則で，その一部だけを請求するというのは例外です。

　実務では，訴状において一部請求である旨が明示されていることが少なくありませんが，これは，真に一部に限定しているわけではなく，一部請求であることを明示しないと後に残部請求をすることが認められなくなるので，念のために行っていることが多いように思います。

　もっとも，例外的に，①訴額が非常に大きく，かつ，②一部の紛争を訴訟で解決することによって残部に関する紛争を訴訟外で解決しうるような場合に，訴訟手数料（印紙代）を低く抑える目的で一部請求を行うことがあります。

(3)　一部請求を行う場合の注意事項

　一部請求の場合，残部について時効中断効は認められません。もっとも，一部についての訴訟は残部についての催告として消滅時効中断の効力を生じ，当該一部に関する訴訟終了後6カ月以内に民法153条所定の措置を講ずれば，残部についての消滅時効を確定的に中断することができます（最判平25年6月6日民集67巻5号1208頁）。

　よって，一部請求で勝訴し残部を請求しようとする場合には，一部請求の訴訟終了後6カ月以内に訴訟提起などの措置を講ずる必要がありますので，注意してください。

Q18　訴状の受付

　裁判所の民事事件受付では，訴状を受理する際に何をチェックしているのでしょうか。

　遠隔地の裁判所に訴訟を提起する場合はどのようにすればよいでしょうか。

　明日が消滅時効期間満了です。どのようにすればよいでしょうか。

(1)　訴状の提出と受付

　訴状の受付事務では，①訴状の形式的記載事項の確認と②訴額の算定・手数料の確認を行います。

　具体的な点検事項は，裁判所の受付に備え付けてある「訴状の主な点検事項」のとおりです。

　訴状の誤りや書類の不足があった場合には，事件受付係の書記官から補正を促されます。もっとも，誤りや不足があっても事件として受理されます。

(2)　訴状の提出方法
(i)　通常の提出方法

　訴状を提出する場合，通常の時間（午前9時から午後5時まで。ただし，正午から午後1時までは窓口休止）に事件受付の窓口で提出することをお勧めします。附属書類の漏れや印紙や手数料の誤りがあるとその場で指摘してもらうことができるからです。

(ii)　それ以外の提出方法
　　ア　窓口におけるクイック提出（東京地方裁判所）

　事件係受付は管轄があることのみを確認して提出の当日付けで立件し，翌日以降に代理人が事件係（03-3581-6073）に架電をし，事件番号と担当部を問い合わせる方法があります。受付時間内ですが，順番を待つ時間がないときに利用することができます。

　　イ　郵送による提出

　封筒に「訴状在中」と朱書きしたうえで，「○○地方裁判所民事事件係」宛に訴状を郵送します。遠隔地の裁判所にしか管轄がなく，持参することが困難な場合にはこの方法で訴状を提出します。

　　ウ　夜間受付への提出

　請求する権利の消滅時効が迫っている場合や控訴期限が当日中である場合で，通常の受付時間が過ぎてしまったときに，やむなく夜間受付を利用します。裁

判所の守衛に，「弁護士の〇〇です。夜間受付に訴状を出しに来ました」と声を掛けて夜間受付の場所を聞いてください。

(3) 消滅時効の完成が迫っている場合

　時効完成まで1週間程度の期間があれば，内容証明郵便によって催告を行い，その後6カ月の間に訴訟を提起するという方法を取ることができます。しかし，本問のように，翌日に消滅時効が完成する場合，確実に催告を行うことはできません（債務者が不在の場合等がありうるため）。したがって，本問のような場合には，催促よりも，訴訟提起のほうが確実に時効を中断することができます。やむをえない場合には夜間受付の利用を検討してください。

【訴状の主な点検事項】

＊東京地方裁判所民事事件係作成のもの。ただし，参考法令の略称は一部変更している。

点検事項	点検の要領	参考法令
記載事項		
□あて名	東京地方裁判所あてになっているか	民訴規則2条1項5号
□付属書類の表示	添付した書類が表示されているか（委任状，資格証明書，証拠説明書，登記簿謄本，固定資産評価証明書，調停不成立証明書等）	民訴規則2条1項3号
□当事者の氏名，名称，住所	委任状の記載と合致しているか	民訴法133条2項1号，民訴規則2条1項1号
□法定代理人の氏名	戸籍謄本，資格証明書等の記載と合致しているか	民訴法133条2項1号，民訴規則2条1項1号
□訴訟代理人の氏名，住所	委任状，資格証明書に記載されているか	民訴規則2条1項1号
□送達場所の届出	代理人が1名の場合でも必要。代理人事務所が複数ある場合	民訴規則41条1項・2項

第2章　訴え提起（原告）

50　第2章　訴え提起の場面（原告側の初動）

	はどれか1つを指定。本人との関係の記載	
□郵便番号，電話番号，ファクシミリ番号の記載		民訴規則53条4項
□作成年月日	空欄になっていないか	民訴規則2条1項4号
□作成名義人の表示（記名），押印，契印またはページ番号	契印（割印）がない場合，それに代わる措置（ページ番号付与等）が講じられているか（別紙は独立ページでも可）	民訴規則2条1項柱書・同項1号
□作成名義人の資格		
□請求の趣旨	請求が特定されているか。引用した目録がついているか	民訴法133条2項2号
□請求の原因	請求の趣旨記載の請求を特定しているか	民訴法133条2項2号
□証拠保全事件の表示	訴え提起前に証拠保全を行った場合	民訴規則54条
添付書類		
□郵便切手	当事者数に応じた所定の額が添付されているか	民事訴訟費用等に関する法律（以下「費用法」という）12条1項・13条
□訴状，甲号証副本	被告の人数分あるか	民訴規則58条1項・137条1項
□資格証明書	商業登記簿謄本，登記事項証明書，破産管財人選任証明書，更生管財人証明書，当事者選定書，戸籍謄本等	民訴規則15条・18条，破産規則23条3項，会社更生規則20条3項，例外：民訴規則14条
□委任状	委任事項が請求と一致しているか	民訴規則23条1項
□登記簿謄本，手形または小切手の写し	不動産に関する事件，手形または小切手に関する事件〔手形（小切手）訴訟事件は民事第8部で受付〕の場合	民訴規則55条1項
□証拠説明書	文書の記載から明らかな場合は不要	民訴規則137条1項

□訳文	外国へ送達する場合，外国語の書証	民事訴訟手続に関する条約等の実施に伴う民事訴訟手続の特例等に関する規則2条1項，民訴規則138条
□訴額算定資料	固定資産評価証明書は対象物件のものか。価格証明として適当か	民訴法8条・15条
□調停不成立証明書	調停前置の場合または調停不成立後2週間以内に訴え提起の場合	民事調停法19条・24条の2，費用法5条
□手数料納付証明書	手数料を納付したものとみなされる場合	費用法5条
□裁決書謄本	審査請求前置の場合	行政事件訴訟法8条1項ただし書・2項
□管轄合意書	専属管轄の定めのない場合に限る	民訴法11条2項
□訴え提起許可等証明書		破産法78条2項10号，地方自治法96条1項12号12号，会社更生法72条2項・32条3項
□訴状写し（協力依頼）	行政事件および労働事件は1部，特許，実用新案の事件は5部，その他の知的財産権関係事件は4部を添付	
□書証写し（協力依頼）	特許，実用新案の事件は4部，その他の知的財産権関係事件は3部を添付	
その他		
□管轄	管轄はあるか。専属管轄でないか	民訴法4条・5条・6条・7条・11条・12条・15条，行政事件訴訟法12条等
□法定代理人の資格		民訴規則15条
□法人の代表者の資格	資格証明書（3カ月以内のもの）に記載されているか	民訴規則18条・15条
□訴額	訴額は正しいか	民訴法8条・9条・15条

□手数料の納付	訴額に対応する収入印紙がちょう付されているか	費用法3条1項・8条本文
□共同訴訟	要件を満たしているか	民訴法38条，行政事件訴訟法17条1項
□併合，反訴の制限	特に行政訴訟の場合	民訴法136条・146条，行政事件訴訟法16条1項
□出訴期間	行政事件訴訟法14条1項，民法201条1項，会社法828条・832条・831条・865条等	

Q19 訴額の決定方法

訴状に印紙を貼用する際，訴額の算定について迷うことがあります。訴額の算定に迷った場合はどのようにすればよいでしょうか。

(1) 訴額算定に関する基礎知識

(i) 算定方法

訴訟物の価額は，「訴えで主張する利益」＝「その訴えについて原告が全部勝訴したときに原告にもたらされる経済的利益をお金に換算したもの」によって算定します（費用法3条）。もっとも，「訴えで主張する利益」についての法規はありません。

実務では，「訴額通知」（昭和31年12月12日付け民事甲第412号民事局長通知「訴訟物の価額の算定基準について」）によって訴額を決めています。

(ii) 併合請求における訴額

原則：複数の請求を併合請求する場合には，各請求の訴額を合算して訴訟物の価額とします（合算の原則，費用法9条1項本文）。

例外：利益が共通する場合には，利益が共通する限度で重なり合うと考え，

価額の大きいほうに小さいほうが吸収されます（吸収の法則，費用法4条3項・9条ただし書の解釈）。

(iii) 附帯請求の取扱い

遅延損害金や建物明渡請求における未払賃料などの附帯請求は訴額に算入しません（附帯請求不算入の原則，費用法4条2項）。

(iv) その他

① 訴価額算出についての複数の考え方が成り立ちうる場合には，当事者の利益のために低額の一方によることになります。

② 非財産上の請求に係る訴えの訴額は一律95万円です（費用法4条2項後段）。

③ 株主代表訴訟（商法267条4項），破産債権確定の訴え（破産法252条），更生債権確定の訴えまたは更生担保権確定の訴え（会社更生法156条）に関しては，訴額の算定に関して各法律に特別の定めがあります。

(2) 手数料の算定・納付方法に関する基礎知識

(i) 手数料の算定方法

訴額に応じて，民事訴訟費用等に関する法律の別表第1の1項に従い算出します。なお控訴の手数料は訴訟提起の1.5倍，上告は訴訟提起の2倍です。

(ii) 手数料の納付方法

ア　原則

印紙を訴状またはその別紙（別紙と訴状を契印）に貼り付けます。

イ　例外（現金納付）

訴え提起手数料が100万円を超える場合に限り，振込みによる手数料の納付が認められます。

訴状提出の際に現金納付の旨を申し出ると，受付担当者から「納付書」（3

54　第2章　訴え提起の場面（原告側の初動）

枚綴り）を渡されますので，銀行窓口で同納付書により手数料を支払うと，うち1枚を領収書として渡されますので，そのコピーを取って控えとし，原本を担当部に提出します。

(3)　訴額の算定に迷った場合

① 　訴額の算定に迷った場合には，まず，市販の書籍（裁判所書記官研修所編『訴額算定に関する書記官事務の研究（補訂版）』（法曹会，2002）等）で調査してください。それでも自信がない場合には，民事事件受付の書記官に質問してください。

② 　訴額の計算が複雑な事件については，算定根拠（算定式）を記載した計算書（上申書）を訴状に添付してください。

③ 　印紙は，最終的には訴状に貼り付けて納付しなければなりませんが（費用法8条），いったん貼り付けてしまうと，後に誤りに気づいてもはがすことができなくなってしまいます。そこで，印紙を貼り付けずに持参し，受付で印紙額を確定した後に貼り付けるようにしてください。

(4)　印紙を過大に貼り付けた場合

受付の段階で書記官が気づいた場合はその場ではがされて返還されます。気づかなかった場合は還付申請を行います。

Q20　訴訟提起時の提出書類

> 訴訟を提起する際，訴状以外にどのような書類を準備・提出する必要があるでしょうか。また，訴訟委任状には何を記載すればよいでしょうか。

(1)　訴訟を提起する際に事件受付に提出する書類等

事件の種類によって，提出する書類の種類や数，入手する場所が異なります。

		書類等	備考
すべての事件に共通する提出物		訴状	正本を裁判所用に1通。副本を被告の人数分
		書証の写し	裁判所用に1通，被告の人数分。なお，原本は期日当日に持参すれば足りる。
		証拠説明書	裁判所用に1通，被告の人数分
特定の事件における提出物	代理人に訴訟追行を委任する事件	訴訟委任状	1通。ただし，本人訴訟の場合は不要。
	不動産に関する事件	登記簿謄本	1通。ただし，書証として登記簿謄本を提出する場合は重ねて提出する必要はない（法務局で入手）。
		不動産評価証明書	1通。ただし，書証として登記簿謄本を提出する場合は重ねて提出する必要はない（建物所在地の市町村役場で入手）。
	人事訴訟，当事者が未成年	戸籍謄本	1通（市町村役場で交付を受ける）
	手形または小切手に関する事件	手形または小切手の写し	書証として提出する。
	訴訟当事者が法人	代表者の資格証明	1通（法務局で入手。原則として発行後3カ月以内のもの。ただし，手形事件の被告については発行後1カ月以内）
	訴訟当事者が未成年者	戸籍謄本	1通（市町村役場で交付を受ける）
その他		収入印紙，郵便切手	

(2) 訴訟委任状

訴訟委任状には，委任者と受任者，委任事項を記載します。

委任事項としては，①委任を受ける事件と②民事訴訟法55条2項の事項を記載します。民事訴訟法55条1項の事項については，法律上当然に委任の範囲に

含まれますので，訴訟委任状に記載する必要はありません。

訴訟委任状の書式は，裁判所や日本弁護士連合会のウェブサイトを参照してください。

訴訟委任状の委任者の押印は，認め印でも構いません。訴訟委任状の誤字等を訂正する場合がありますので，委任者に，訴訟委任状の余白に捨て印を押印してもらうと便利です。

Q21 訴え提起と守秘義務

> 訴状に記載する必要がある事実関係や，証拠提出すべき書類の内容に守秘義務が課されている場合，どのように対処すべきでしょうか。

(1) 守秘義務違反とならないための方策

ある事実関係や書類について訴訟の相手方当事者あるいは第三者との間で守秘義務が課せられている場合，これを訴訟において主張したり提出したりしてもよいのか迷うことがあります。

守秘義務を負っている以上，まずは，守秘義務を負う相手方から同意を得るように努めてください。

(2) 守秘義務を負う相手方から同意を得られなかった場合

守秘義務を負う相手方から同意を得られなかった場合は，その相手方が訴訟当事者か，訴訟外の第三者かによって取りうる手段が異なります。

(i) 守秘義務を負う相手方が訴訟当事者の場合

裁判所に対して，当該事実関係や書類が要件事実に関連するものであることを説明し，裁判所から当該訴訟当事者に対して，同意をするように働きかけをしてもらう方法が考えられます。

裁判所の働きかけに当該訴訟当事者が従わない場合には，当該訴訟当事者に対する文書提出命令の申立てを検討します。

(ii) 守秘義務を負う相手方が訴訟外の第三者の場合

第三者に対する文書送付嘱託の申立て，あるいは，文書提出命令の申立てを検討します。

Q22 被告の範囲

債務者が複数存在する場合，その全員を被告としなければならないでしょうか。一部の者だけを被告とする場合，どのような基準で被告を選定するべきでしょうか。

たとえば，会社の従業員の不法行為に基づく損害賠償請求訴訟では誰を被告とすべきでしょうか。違法行為を助長したと思われる親会社を被告に含めることもできるのでしょうか。

(1) 被告の選定に関する一般論

必要的共同訴訟（訴状で請求しようとする訴訟物に利害関係を有する一定の者全員を被告にしなければならない特殊な事案。人事訴訟や会社訴訟の一部）となる事案を除き，法律上，債務者の全員を被告とすることが強制されているわけではありません。

たとえば，主債務者と保証人がいる場合に，資力の全くない主債務者を被告とせず，保証人のみを被告として訴訟を提起することも可能です。

しかし，債務者が複数の場合には，その全員を被告としたほうが，責任財産が増えますので，債権回収の可能性が高くなります。また，被告（訴訟当事者）として複数の債務者を関与させることによって，事案の実体の解明に役立つ場合もあります。さらに，連帯債務や不真正連帯債務の場合，被告の数が増

58　第2章　訴え提起の場面（原告側の初動）

えたからといって訴訟手数料が増えるわけではありません。したがって，債務者が複数の場合には，その全員を被告とするのが原則だと思います。

　もっとも，以下で列挙した事情を考慮して，複数の債務者のうちの一部の者のみを被告として選定することがあります。

　　ア　その債務者を被告としてしまうと手続や審理が煩瑣になり，判決を得る
　　　までに相当な時間と労力を要することになってしまう場合

　たとえば，一部の債務者が行方不明あるいは外国に住んでおり，送達が困難な場合などがあげられます。

　　イ　債務者の一部の者が多額の資産を有しており，この債務者の財産をもっ
　　　て請求債権全額の回収を図ることが可能な場合

　たとえば，会社が主債務者，その代表者が連帯保証人で，会社に十分な資力がある場合などがあげられます。

　　ウ　原告自身が債務者の一部の者に対して提訴することを欲しない場合

　たとえば，債務者の一部が親密な取引先である場合などです。もっとも，原告の意向で債務者の一部のみを被告とした場合であっても，被告とした債務者が被告としなかった債務者に対して訴訟告知（民訴法53条）を行い，訴訟に引き込むことがあります。

(2)　従業員の不法行為に基づく損害賠償請求訴訟における選定
(i)　会社自身が不法行為者であるとの主張の当否

　会社自身が不法行為者であると主張し，会社を被告とする事案を目にすることがあります。しかし，このような請求が認められるのは，公害等の特殊な事案だけです。通常は，実際に不法行為を行った従業員等を特定したうえで，会社に対しては使用者責任（民法715条）あるいは代表者の不法行為に関する会社の責任（会社法350条）を追及することになります。

⑾ 会社に使用者責任等を追及する事案における被告の選定

会社に対して，特定の従業員の使用者責任（民法715条）や代表者の不法行為に関する会社の責任（会社法350条）を追及する場合は，不法行為を行った従業員や代表者と共に会社を共同被告にするのが原則です。

他方で，不法行為に関与した従業員が数多く存在するような場合には，被告とすべき従業員を限定することがあります。この場合，複数の関与者の中から，被告とすべき者を選別しなければなりませんが，その際，以下のようなことを考慮します。

ア　責任財産

使用者責任を負う会社の責任財産が十分でない場合は，不法行為者である代表者や従業員の財産からの回収を図ることになります。そのため，資産を有する者を被告として選定します。

イ　刑事被告人となった従業員

刑事被告人となった従業員を被告とすることが多いように思います。その理由としては，①刑事被告人となるのは，不法行為の実行行為者や首謀者であるのが通常であること，②刑事被告人の被害者として当該刑事事件の記録を入手しやすくなること（立証上の理由）が挙げられます。

ウ　実行行為の中核部分を行った者，首謀者および悪質性の高い者

実行行為の中核部分を行った者，首謀者を被告とすることで事案の実体を解明することができます。また，過失相殺が争点の場合には，不法行為者の悪質性が審理の対象となりますので，これらの者を被告とすると，過失相殺の判断で有利に働くことがあるからです。

⑿ 違法行為を助長した者を被告とすることの可否

違法行為を助長した者は，不法行為を幇助した者（民法719条2項）に該当しますので，被告とすることが可能です。過失による教唆・幇助も共同不法行為者に該当します。

また，違法行為を助長した者が親会社の従業員であった場合，共同不法行為

60 第2章　訴え提起の場面（原告側の初動）

者は親会社ではなく，その従業員です。そのため，教唆・幇助行為を行った親会社の従業員を特定し，その者の不法行為（教唆・幇助行為）に関して親会社の使用者責任（民法715条。不法行為者が親会社の代表者の場合は，その代表者の不法行為に関する親会社の責任（会社法350条））を追及することになります。

2　訴え提起の場面に関するその他の事項

Q23　裁判所書記官に対する問合せ

　　訴訟の追行に関して，裁判所書記官に問合せしたいのですが，そのようなことは可能でしょうか。

(1)　裁判所書記官に対する問合せ

　訴訟を追行するにあたって，書記官に連絡し，教えを請う場面は少なくありません。その際，どこに電話をかければよいのか，書記官に何を聞いてよいのか，迷うことがあります。

(2)　どこに電話をするのか

　電話をかける先は，訴訟の進行状況によって異なります。訴状を提出する際には，連絡先は「民事事件受付」です。各裁判所の代表番号に電話をかけて，民事事件受付に転送するようお願いしてください。

　これに対して，訴状提出後事件が担当部に配当された後は，担当部に直接連絡します。その際，「事件番号が平成３０年（ワ）第〇号の原告代理人の〇〇です。担当書記官をお願いします。」と言ってください。

(3) 何を質問してもよいか

当然のことですが，書記官に連絡する前に，まず自分で文献等を調査しなければなりません。それでもわからない場合や不安が残る場合に，初めて書記官に質問してください。

また，書記官に質問するといっても，実体法のことや相手方当事者から見て不公平に感じられるような質問は絶対にしないでください。書記官に質問してよいのは，裁判所書記官の担当事務に属する事項に限ります。

(4) 裁判所書記官の担当事務の概要

書記官の担当事務は概ね以下のとおりです。

(i) 事件受付における書記官事務

訴状が提出されると，事件係の書記官が受付事務を担当します。この受付事務は，①訴状の形式的記載事項の確認，②訴額の算定・手数料の額の確認，印紙の消印，予納郵便切手の額の確認，③受付日付の押印・事件簿への登載（立件手続）などです。

(ii) 担当部における書記官事務

事件受付で立件手続がなされた後，当該事件は，担当部に回され，その時点で，当該事件の担当書記官が決まります。担当書記官は，まず，訴状審査を行い，裁判官と相談のうえ，必要に応じて訴状の補正を促します。次に，裁判官が第1回口頭弁論期日を指定した後，書記官が被告に訴状を送達します。これらのほかに，裁判所書記官の重要な事務の一つに，記録の編綴と期日調書の作成があります（民訴法160条1項）。

(5) 問合せして構わない事項と問合せしてはならない事項

以上のことから，書記官に問合せして構わない事項と問合せしてはならない事項を整理すると次頁の表のとおりです。

書記官に問合せしても構わない事項	① 訴額，手数料の額に関する事項
	② 送達に関する事項
	③ 附属書類に関する事項
	④ 記録の編綴に関する事項（証拠番号の振り方，事件記録に綴って欲しくない資料等の取扱い）
	⑤ 次回期日の時間や場所，部屋の広さなどの確認
	⑥ 期日調書の記載内容に関する事項
	⑦ 尋問のために出頭した証人の待機場所
	⑧ 相手方が書面の提出期限を守らない場合の催促の状況
書記官に問合せしてはいけない事項	① 訴訟事件の今後の進行方針に関する事項
	② 主張立証等，訴訟の勝敗に影響がある事柄
	③ 裁判官の専権に属する事項

Q24 訴訟進行に関する照会書

裁判所からFAXで送付されてくる「訴訟進行に関する照会書」には，どのように回答すればよいのでしょうか。

　訴訟を提起した際，裁判所から「訴訟進行に関する照会書」という書面を受領します（民訴規則61条）。

　これは，裁判官が「訴訟の進行に関する意見その他訴訟の進行について参考とすべき事項」を聴取するために原告にだけ送る書類です。この書類から裁判官が心証を形成することはありません。

　「訴訟進行に関する照会書」には，郵便による訴状送達可能性，被告の就業場所，被告の欠席の見込み，被告との事前交渉，被告との間の別事件の有無，事実に関する争い，和解に関する照会事項が記載されていますので，定型の回答の中から該当する回答を選択してください。

　また，選択肢による回答とは別に，「裁判の進行に関する希望等，参考にな

ることがあれば自由に記入して下さい」という定型質問があり，ここには，従前の交渉経緯や訴訟進行に関する希望を記載することが予定されています。もっとも，従前の交渉経緯等や審理に関する希望は，訴状や上申書において記載することが多く，この回答欄は空欄のまま提出することも少なくありません。

　なお，この照会書に対する回答書面は，裁判所の訴訟記録に綴られ，閲覧謄写の対象となります。そのため，たとえば和解の意向等を記載した場合には，その記載内容が被告に知られることになる可能性がありますので，留意してください。

記載例3 訴訟進行に関する照会書

平成○年（○）第　　号

訴 訟 進 行 に 関 す る 照 会 書

○○地方裁判所第○民事部

　本件の円滑な進行を図るため，下記の照会事項に御回答の上，早急に当部に提出されるよう御協力下さい（ファクシミリも可）。

　なお，御回答いただいた書面は，本件の訴訟記録につづり込むこととなります。

（照会事項）
1　郵便による訴状送達の可能性
　　☑被告の住所地に，平日，本人又は同居者・事務員がいる
　　□被告の住所地に，休日の方が，本人又は同居者・事務員がいる
　　□被告の住所不明ということで，公示送達になる見込み
2　被告の就業場所について
　　☑判明している（　　　　　　　　　　　　　　　　　　　　　）
　　□調査したが分からない　　□調査未了
3　被告の欠席の見込み　　□ある　　□ない　　☑不明
4　被告との事前交渉　　☑ある　　□ない

64 第2章　訴え提起の場面（原告側の初動）

```
  5  被告との間の別事件の有無
     ☑ある（裁判所名　　　東京地方裁判所
              事件番号　平成２９年（ワ）第１号）
     □ない
  6  事実に関する争い　　　☑ある　　□ない
  7  和解について
     ☑条件次第である
     □全く考えていない
  8  その他，裁判の進行に関する希望等，参考になることがあれば自由に記入
     して下さい。


  平成３０年○月○日　　　　　　　　　　回答者氏名　○○○○
                                     電話番号　○○－○○－○○
```


Q25　訴えの変更

　訴訟が係属した後に，新たな訴訟物を追加するにはどのようにすればよいでしょうか。

　原告が，訴訟の係属中に請求金額を拡張したり，新たな訴訟物を追加したりする場合には，訴えの変更の申立て（民訴法143条）をします。

　この訴えの変更申立ては，無制限に認められるわけではなく，①同一当事者間であること，②事実審の口頭弁論終結前であること，③新しい請求と従来の請求が請求の基礎に変更がないこと（ただし，被告の同意がある場合や異議を述べない場合はこの要件は不要です），④著しく訴訟手続を遅滞させないことが必要であり，これらの要件を満たさない場合には別訴を提起するしか方法はありません。これらの要件のうち，実質的に問題になるのは③の要件ですが，たとえば，請求金額の増減のみの場合や売買代金の請求に加えて，売買契約が

無効である場合に備えて予備的に引き渡した物の返還を求める場合，あるいは，同一物の所有権確認請求を賃借権確認に切り替える場合等には請求の基礎に変更はなく，この要件を充足すると解されています。また，家屋の明渡請求に対して，被告が家屋の所有権を主張したので，家屋の収去土地明渡請求を予備的に追加する場合など，被告が防御として主張した事実に立脚して訴えの変更をする場合にも，③の要件を充足すると解されています。なお，実務では，上記③の要件を充足しない場合であっても，被告が異議を述べないことが多く（別訴を提起されるよりも，同じ訴訟手続内で解決したほうが経済的であるという判断があると思われます），その場合の前述のとおり③の要件は不要となります。したがって，実務では訴えの変更は広く認められています。

　訴えの変更の申立ての手続は，訴えの提起と同じです。FAXでの提出は認められず，訴えの変更申立書の正本１通と被告へ送達用の副本を既存事件の係属部に提出してください。追加で郵券や印紙が必要になる場合もあります。

　訴えの変更申立ての記載内容は実質的には訴状と同じですが，新しい請求と従来の請求が請求の基礎に変更がないことがわかるような事情を上記③の要件として記載してください。

記載例４　訴えの変更申立書

平成２９年（ワ）第○○号　　○○請求事件
原　告　甲野一郎
被　告　乙川次郎

```
収　入
印　紙
（○万○円）
```

訴えの変更申立書
（請求の拡張）

平成３０年○月○○日

○○地方裁判所民事第○部○係　御中
　　　　　　　　原告訴訟代理人弁護士　　甲　山　太　郎　㊞

上記当事者間の頭書事件について，原告は，次のとおり訴えを変更する。

変更後の請求の趣旨

1　被告は，原告に対して，金５０万円及びこれに対する平成２９年１月２日から支払済みまで年６分の割合による金員を支払え。
2　被告は，原告に対して，金３０万円及びこれに対する申立書送達の日の翌日から支払済みまで年６分の割合による金員を支払え。
3　訴訟費用は被告の負担とする。
との判決並びに仮執行宣言を求める。

請求の原因追加

1　請求の趣旨第１の請求原因は，訴状記載のとおりであるが，要するに，被告が，本件売買契約を履行しなかったため，原告が，平成２９年１月１日，同契約を解除し，解除に基づく原状回復請求として既払金５０万円の返還を求めるものである。
2　本申立書で追加した，請求の趣旨第２の請求原因は，以下のとおりである。
（1）　原告は，平成○年○月○日，本件商品について訴外丙島四郎との間で，代金８０万円とする本件転売契約を締結したが，上記1の被告の債務不履行のため，原告は訴外丙島に対して本件商品を引き渡すことができなかったため，当該転売契約を訴外丙島から解除された。本件転売契約の解除によって，被告は転売利益３０万円の損害を被った。
（2）　上記（1）の解除によって，原告は，転売利益３０万円の損害を被った。
（3）　よって，原告は，被告に対して，被告の債務不履行に基づく損害賠償請求として金３０万円及びこれに対する本申立書送達の日の翌日から商事法定利率である年６分の割合による遅延損害金の支払を求める。

以　上

訴状の送達を受けた場面(被告側の初動)

Q26 訴状の確認ポイント

> 訴訟を提起されたと依頼者から連絡がありました。どのような初動対応をすべきでしょうか。

(1) 早急に準備

第1回口頭弁論期日は、特別な事情がない限り、訴えの提起の日から原則として30日以内の日(実務では40〜50日)が指定されます(民訴規則60条2項)。そのため、訴状の送達を受けてから答弁書の提出までの期間は1カ月程度しかありません。したがって、訴えを提起された依頼者から相談を受けた場合には、早急に準備を進めなければなりません。

(2) 初動対応

依頼者から訴状が届いたとの連絡を受けた場合、依頼者から、①訴状の副本、②書証の写しおよび③「第1回口頭弁論期日呼出状及び答弁書催告状」を至急入手します。そのうえで、各資料について、以下の事項を確認・検討します。

(i) 訴状副本および書証に関して確認・検討すべき事項

① 原告と事件の内容から、当該事件が弁護士職務基本規程27条および28条

68　第3章　訴状の送達を受けた場面（被告側の初動）

の「職務を行い得ない事件」に該当しない（コンフリクトがない）ことを
確認します。

②　事件の内容を確認し，知的財産権等の専門性が高い事件の場合には，他
の弁護士を紹介します。

　また，当該事件の難易度を予想し，受任する場合の弁護士の体制（単独
で受任するか，他の弁護士と共同で受任するかなど）を検討します。

③　初回打合せの前にあらかじめ検討しておくべき資料の送付を依頼します。

　たとえば，契約に基づく請求の場合は，契約書，労働事件の場合には就
業規則などの基本的資料は打合せの前に検討しておいた方がよいでしょう。

(ii)　「第1回口頭弁論期日呼出状及び答弁書催告状」において確認・検討
すべき事項

①　裁判所はどこかを確認し，遠方の裁判所の場合には，地元の弁護士を紹
介することを検討します。

②　第1回口頭弁論期日および答弁書の提出期限を確認し，答弁書作成まで
のスケジュールを立てます。

(iii)　依頼者と打合せ期日の日程調整

　依頼者に打合せ日程の調整の連絡を行う際には，あわせて，資料の収集・保
存に関する留意点（→Q1を参照してください）を伝えてください。

Q27　答弁書の作成までの準備（総論）

　訴状の確認から答弁書の提出まではどのような手順で進めればよいです
か。

(1) 依頼者から訴状と書証を受領した後の準備

①訴状・書証の検討→②依頼者との打合せおよび方針の決定→③答弁書の作成→④答弁書の提出という手順で準備を進めます。

(2) 訴状・書証の検討

訴状および書証の検討は以下の手順で行います。

①　請求の趣旨と請求の原因をみて，訴訟物（原告が訴訟において請求する権利）が何か，およびその訴訟物の要件事実が何かを把握します。

　　訴訟物と要件事実を把握する方法はQ11を参照してください。

②　文献・判例を調査して，訴訟物に関する法的な知識を確認します。その際に，同種事案の裁判例を複数調査・検討することをお勧めします。そうすることで，訴訟でどのような論点が争いになるかを概ね予想することができます。この時あわせて，管轄の有無，当事者能力など訴訟要件の有無も確認してください。

③　要件事実とこれに関する間接事実（＝要件事実を推認させる事実）や書証を検討して，要件事実の立証可能性を検討します。

(3) 依頼者との打合せおよび方針の決定

(ⅰ) 依頼者からの事情聴取

事情聴取すべき事項は原告の場合と同じですので，Q2を参照してください。

(ⅱ) 依頼者に対する訴訟手続の説明

訴訟手続に関して説明すべき内容は，基本的に，原告の場合と同じです。たとえば，訴訟の期間が第一審で1年半から2年であること，訴訟手続がどのように進むか（口頭弁論期日，弁論準備期日，証人尋問期日，和解，判決という訴訟手続の一般的な流れ），訴訟期日への出頭の要否（Q43参照）等を説明します。加えて，被告の場合，第1回口頭弁論期日に欠席しても法律上の問題がないことを説明してください。

70　第3章　訴状の送達を受けた場面（被告側の初動）

(iii)　事件の見通しの説明（弁護士職務基本規程29条1項）

　訴状，書証および依頼者から入手した資料ならびに事情聴取の結果を総合的に勘案して，訴訟の見通しを立て依頼者に説明してください。

　見通しの立て方は原告の場合と同じですので，Q12を参照してください。

(iv)　弁護士報酬および訴訟費用の説明（弁護士職務基本規程29条1項）

　受任する前に弁護士報酬と訴訟費用（印紙代と郵券）について説明し，依頼者から同意を得なければなりません。弁護士報酬の考え方は原告の場合と同じですので，Q3を参照してください。

　訴訟費用については，被告の場合は，敗訴して訴訟費用の負担を命じられた場合にはじめて支払義務が生じることを説明してください。

(v)　依頼者との応訴方針の協議

　依頼者と応訴の方針を協議し，以下の事項について決定してください。

- 請求を争うか，認めるか（認諾するか）。あるいは，最初から和解を求めるか。
- 受訴裁判所が遠方の場合，移送の申立てをするかどうか（移送の申立てについてはQ28を参照してください）。
- 認否を答弁書で行うか，第1回口頭弁論期日後に提出する準備書面で行うか。
- 反訴や別訴提起をするかどうか。

(vi)　委任契約書および訴訟委任状の作成

　委任契約書では，受任する際の契約条件をきちんと特定してください。たとえば，受任対象の事件が第一審のみなのか，上訴された場合の控訴審を含むのかなどについても明確に記載してください。

　訴訟委任状についてはQ20を参照してください。

(ⅶ) 答弁書の作成

Q30〜32を参照してください。

(ⅷ) 答弁書の提出

答弁書（および書証の写し）は，訴状に記載されている原告の送達先と「第1回口頭弁論期日呼出状及び答弁書催告状」（訴状副本とともに裁判所から送られてきます）に記載されている裁判所に，FAX，郵送または持参して提出します。訴状と異なり裁判所書記官による送達は必要ありません。なお，証拠説明書および書証の写し以外の附属書類（訴訟委任状等）は裁判所に原本を提出してください（原告に送る必要はありません）。

答弁書の提出期限は，訴状と同時に送達された書面（「第1回口頭弁論期日呼出状及び答弁書催告状」）に記載されていますので，できるだけその期限までに提出してください。もっとも，第1回口頭弁論期日に提出が間に合えば法的な不利益はありません。期限を徒過する場合には，書記官にその旨連絡したほうがよいでしょう。

Q28 移送の申立て

> 訴訟を提起されましたが，裁判所が住居地から遠方の地にあります。最寄りの裁判所で訴訟をする方法はないのでしょうか。

訴訟を提起された被告が，現在係属している裁判所とは別の裁判所での審理を求める場合には移送の申立てをします。

この移送申立てには，管轄違いの場合の移送申立て（民訴法16条）と裁量移送（民訴法17条）の2種類がありますが，両者は要件が全く異なります。

管轄違いの場合は，被告が管轄違いであることを明示して移送の申立てをすれば当然に管轄裁判所に移送する決定がなされます。

72　第3章　訴状の送達を受けた場面（被告側の初動）

　これに対して，裁量移送の場合は，「訴訟の著しい遅滞を避け，又は当事者間の公平を図るため必要がある」という要件を充足しなければなりません。したがって，移送申立書には，①係属中の裁判所で訴訟を遂行することになる被告の不利益を具体的に主張し，あるいは，②係属中の裁判所で訴訟を遂行することによって生じる公益的な問題を予想される審理手続に即して具体的に主張することが必要です。

記載例5　移送申立書

平成２９年（ワ）第○○号　　○○請求事件
原　告　甲野一郎
被　告　乙川次郎

移送申立書

平成２９年○月○○日

○○地方裁判所民事第○部○係　御中

被告訴訟代理人弁護士　　乙　島　健　太　郎　㊞

申立ての趣旨

　本件を，○地方裁判所○○支部に移送するとの裁判を求める。

申立ての理由

1　訴訟の著しい遅滞を避けるために必要である
　　本件契約は，○○県○○市で締結されており，契約交渉その他もすべて同市でなされた。本件では，契約締結に至る交渉経緯が最大の争点となり，関係者複数名の尋問が予定されるところ，すべて同市に在住している。
　　また，場合によっては，本件契約の目的物である○○機械を検証する必要があるところ，○○機械は○○市に設置されており，運搬することは非常に困難である。
　　したがって，訴訟の著しい遅滞を避けるためには，○○県○○市を管轄する○○地方裁判所○○支部へ移送する必要がある。

2　当事者間の衡平を図るために必要である

　　原告は，東証一部に上場する日本を代表する企業の一つであり，同市にも支部が存在する。これに対して，被告は，従業員１０名のいわゆる地方の町工場である。

　　かかることからすると，当事者間の衡平を図るためには，被告の住所地を管轄する○○地方裁判所○○支部へ移送する必要がある。

3　よって，被告は，民事訴訟法１７条に基づき，原告の被告に対する訴えを○○地方裁判所○○支部へ移送することを求める。

以　上

Q29　答弁書の作成（総論）

答弁書の記載事項を教えてください。また，体裁はどのようにすればよいでしょうか。

(1)　答弁書の記載事項

- 事件番号・事件名…訴状と同時に送達された書面（「第１回口頭弁論期日呼出状及び答弁書催告状」）に記載されています。

- 原告と被告の氏名または名称…訴状に記載されています。

- 文書の表題　→【記載例６】参照

- 答弁書を裁判所に提出した年月日　→【記載例６】参照

- 答弁書を提出する裁判所…「第１回口頭弁論期日呼出状及び答弁書催告状」に記載されています。

- 被告代理人の氏名および住所（民訴法133条２項１号，民訴規則２条１号），郵便番号，電話番号（FAX番号）　→【記載例６】参照

- 送達場所　→【記載例６】参照

74　第3章　訴状の送達を受けた場面（被告側の初動）

- 請求の趣旨に対する答弁　→Q30参照
- 請求の原因に対する認否　→Q31〜32参照
- 証拠方法　→【記載例6】参照
- 附属書類　→【記載例6】参照

(2)　答弁書の体裁

　書式等の体裁は訴状と同じですので，Q9を参照してください。また，上記(1)の事項の記載の順序等は【記載例6】を参照してください。

記載例6　答弁書

平成29年（ワ）第○○号　建物収去土地明渡請求事件
原　告　甲野一郎
被　告　乙川次郎

答　弁　書

平成29年○月○○日

○○地方裁判所民事第○部○係　御中

　〒○○○－○○○○　東京都○○区××○丁目○番○号□□ビル○階
　　　　　乙島法律事務所（送達場所）
　　　　　被告訴訟代理人弁護士　　乙　島　健　太　郎　㊞
　　　　　電　話　03-○○○○-○○○○
　　　　　FAX　03-○○○○-○○○○

第1　請求の趣旨に対する答弁
　1　原告の請求を棄却する。
　2　訴訟費用は原告の負担とする。

第2　被告の主張
　1　賃料の不払いはない。

…

2　無断転貸の事実はない。

…

3　信頼関係の破壊はない。

…

4　本件訴訟の背景事情

　　原告は，主位的には賃料の不払，予備的には無断転貸を理由として，本件賃貸借契約の解除を主張する。

　　しかし，以下で述べる事実経過からすると，原告の賃料不払の主張は明らかに後付けのものであり，これを主位的な主張として提起した本訴はそれ自体不当な訴訟である。

　　　平成２９年１月２１日　　原告から被告に対し，主位的に賃料の不払，予備的に第三者への無断転貸を理由に，本件賃貸借契約を解除する旨が通知される（甲４）。

　　　平成２９年１月２４日　　…

5　まとめ

　　よって，原告による本件賃貸借契約の解除は無効であるから，原告の請求には理由がない。

第3　請求の原因に対する認否

1　「第1」について

　　原告と被告との間で，昭和○年○月○日以前に本件土地に関して，賃貸借契約が締結され，同土地が引き渡された事実，本件土地上に本件建物が建築され，現在も本件土地上に存在している事実，平成○年○月○日に本件賃貸借契約が更新された事実，更新後の賃貸借契約の内容が甲1記載のとおりである事実は認め，その余については，現在事実関係を調査中であるので，認否を留保する。

2　「第2の1」について

（1）「（1）」について

　　訴外丙島四郎が，丁田五郎に対して，平成○年○月○日に同年1月から3月までの賃料（計3か月分合計30万円）を支払った事実及び原告がこれを受領した事実は認め，その余は否認する。

76　第3章　訴状の送達を受けた場面（被告側の初動）

（2）「（2）」について

　　原告が，平成○年○月○日，甲4の書面で，主位的に賃料不払を理由に，予備的に無断転貸を理由に本件賃貸借契約を解除する旨通知し，同書面が同月21日被告に到達した事実は認め，その余は否認乃至争う。

3　「第3」について

　　争う。

以　上

Q30　請求の趣旨に対する答弁

　請求の趣旨に対する答弁はどのように記載すればよいでしょうか。どのような点に留意する必要がありますか。

(1)　請求の趣旨に対する答弁の重要性

　答弁書には必ず請求の趣旨に対する答弁を記載してください。請求の趣旨に対する答弁をせずに第1回口頭弁論期日に欠席すると敗訴してしまいます。

(2)　請求の趣旨に対する答弁の方法
(i)　訴訟要件を欠く場合の答弁（本案前の答弁）

　訴訟要件を欠く場合，たとえば，①訴えの利益を欠く場合，②当事者能力を欠く場合，③仲裁契約や不起訴の合意が存在する場合，④同一事件について別訴が係属する場合等には，訴え却下を求めます（たとえば，「本件訴えを却下する」と記載します）。これを本案前の答弁といいます。

　実務でよく問題になるのは，確認の利益と管轄です。確認の訴えの場合，訴えの利益を欠く場合が少なくありませんので，文献や裁判例をきちんと調査して，確認の利益が認められる事案かどうかを判断してください。

　また，管轄違いの場合は，管轄違いの抗弁を提出します。これを提出せずに

本案で弁論をし，または，弁論準備手続において申述をしてしまうと，応訴管轄が生じてしまい（民訴法12条），以後管轄違いの抗弁を主張できなくなってしまうので注意してください（要するに，答弁書で，管轄違いを主張せずに，単に，「原告の請求を棄却する」と本案の答弁を記載してしまうと，管轄がないはずの裁判所に応訴管轄が生じてしまうということです）。管轄違いを主張する場合には，答弁書の提出前または提出と同時に，管轄裁判所への移送申立てをするのが通例です（民訴法16条１項）。

(ii) 本案の答弁

　訴訟要件を欠く場合以外は，請求棄却を求めます（たとえば，「原告の請求を棄却する。」と記載します）。また，実務では，訴訟費用の負担に関しても原告の負担とすることを求めるのが通則です（たとえば，「訴訟費用は原告の負担とする。」と記載します）。

　原告複数の場合や請求が複数の場合の記載方法については，一定の決まりがありますので，司法研修所の「民事弁護の手引き」や過去の裁判例（請求棄却判決の主文）を参照して記載してください。

Q31　請求原因に対する認否・抗弁事実等の記載の程度

　請求の原因に対する認否や抗弁事実等の記載はどの程度詳しく記載すればよいのでしょうか。

(1) 「追って主張する」

　答弁書では，請求の趣旨に対する答弁のほかに請求の原因に対する認否および抗弁事実を具体的に記載し，かつ立証を要する事由ごとに，重要な間接事実と証拠を記載しなければならないと規定されています（民訴規則80条）。

　しかし，訴状を受け取って答弁書を作成するまでに１カ月程度の期間しかあ

りません。その間に，依頼者から事情を正確に聞き取り，訴訟の結論の見通し
を立てるのは非常に困難です。

　また，万が一認否を誤ると，裁判上の自白（民訴法159条1項本文）が成立
してしまい，取り返しのつかないことになってしまいます。

　そのため，答弁書では，認否や抗弁を無理に記載する必要はありません。実
務では，請求の原因に対する認否の欄に「請求の原因に対する認否，被告の主
張等は追って主張する。」とだけ記載した答弁書を提出することも少なくあり
ません。

(2)　認否・反論等を記載する場合にはどの程度詳しく記載すべきか

　上記のとおり，答弁書では，「請求の原因」に対する認否や反論を記載せず，
「追って主張する」と記載する場合が少なくありません。もっとも，このよう
な答弁書を提出した場合，次の第2回口頭弁論期日までに提出する第1準備書
面において，請求の原因に対する認否や反論等（否認の理由や抗弁）を記載す
る必要があります。

　請求の原因に対する認否や反論等は，重要な間接事実を含めてしっかりと記
載すべきです。訴状によって原告に傾きかけている裁判官の心証を，一気に被
告に引き戻すためです。また，訴訟の序盤で優位に立つと，その後の訴訟を有
利に進めることができます。

　とはいっても，原告が詳細な事実関係を主張していない段階で，被告のほう
から詳細な事実関係を記載する必要はありません。ほとんどの場合，認否を正
確に行うこと，否認の理由と抗弁について重要な間接事実を端的に記載するこ
と，否認の理由や抗弁に関する主要な証拠を提出することで十分です。加えて，
認否・反論ではありませんが，被告の側から見た紛争の実体（訴訟に至る経緯
や背景事情）を記載する場合もあります。

Q32 請求原因に対する認否・抗弁事実等の記載方法

請求原因に対する認否や抗弁事実はどのように記載すればよいでしょうか。

(1) 認否

認否とは，原告の主張する要件事実や重要な間接事実について，被告がどの点を争い，どの点を認めるかを答弁書（または準備書面）において明らかにすることです。

認否には以下の4つがあります。

(i) 「認める」

争いのない要件事実（主要事実）については裁判上の自白が成立し（民訴法179条），立証が不要になるだけではなく裁判官の事実認定を拘束します。また，間接事実（要件事実を推認させる事実）については，裁判上の自白が成立するわけではありませんが，裁判官は，通常当事者間に争いのない間接事実をそのまま判断の前提事実とします。

したがって，「認める」とする場合は，勘違いがないか等を慎重に検討してください。「原告の主張する当該事実は多分あったと思う。」という程度の認識で「認める」としてはいけません。事実の存在について確信がある場合（客観的な裏付けがある場合）にだけ「認める」としてください。

(ii) 「否認する」

否認した事実については，相手方が証明しなければなりません。その意味で，「否認する」としている限り，認否が誤っていたとしても，それにより不利益を被ることはありません。迷った場合には，「（事実関係に不明な点があるので，）現時点では否認する」と記載しても構いません。

否認する場合には，否認の理由を記載してください（民訴規則79条3項）。否認の理由を説得的に記載することで裁判官の心証を引き寄せることができます。

(iii) 「不知」

「知らない」という意味です。たとえば，被告が関知しない原告と第三者とのやり取り等については，「不知」とします。もっとも，被告が関知しない原告と第三者のやり取りであっても，「そのようなやり取りがあるはずがない」という場合には，否認することがあります。

不知とされた事実は被告が主張する事実を争ったものと推定されますので（民訴法159条2項），原告は当該事実について立証しなければなりません。その意味で，「不知」という認否をしている限り，認否が誤っていたとしても，それにより不利益を被ることは原則としてありません。もっとも，不知の場合には，裁判官から「被告の認識と異なるというほどではないのだな。」と理解されてしまうことがありますので，被告の認識と異なる場合には必ず「否認する」としてください。

(iv) 「争う」

請求原因の中に事実の主張ではなく，法律上の主張や評価が混在している場合には「争う」と記載します。事実であるのか評価であるのか明確に判別できない場合は，「否認ないし争う」と記載して構いません。

(2) 具体的な認否の方法
(i) 「○は認め，その余は否認する」

認否は，まず，認める部分を特定し，その余の事実を包括的に否認するという方法で行うことをお勧めします。具体的には，「○○という事実，○○という事実，○○という事実は認め，その余の事実を否認する。」と記載します。

そうすることで，余分な事実を認めてしまう等の誤りを防ぐことができるからです。

(ii) 「概ね認める」,「強く否認する」

　「概ね認める」という認否は,「認める」という認否と同視されてしまう危険がありますので,認めるかどうか判断がつかない点に関しては,「(事実関係に不明な点があるので,)現時点では否認する。」などと記載してください。なお,いったん否認しても,後に撤回して認めることは実務ではよくあることです。

　また,「強く否認する」という記載を目にすることがありますが,「強く」の部分は全く意味がありませんので,むやみに記載しないようにしてください。

(iii) 「○○の主張で認めた事実以外は否認する」

　答弁書において,「被告の主張で明示的に認めた事実以外の事実を否認する。」と記載し,請求の原因に対する認否を逐一していない答弁書を目にすることがありますが,これは駄目です。「認否をするのは手間なので裁判官のほうで証拠をみて判断して」と言っているようなものです。

　なお,訴訟の終盤において,相手方がそれまでと同じ主張を繰り返しているような場合には,「原告の主張に対する認否は従前のとおりである。」と記載することがありますが,答弁書の段階でそのような認否をすることは許されません。

(3) 否認の理由および抗弁の記載方法

① 否認の理由は,通常,認否に続く形で,「～は否認する。なぜなら,○だからである。」などと記載します。

　また,否認の理由に訴訟の主たる争点が含まれており,詳細な主張を要する場合には,「請求の原因に対する認否」の欄とは別に,「被告の主張」という欄を設けて,ここに否認の理由を記載します。この場合,認否を記載する箇所においては,「～は否認する。否認の理由は,後述の○のとおりである。」などと記載してください。

② 抗弁は,「請求の原因に対する認否」の欄とは別に,「被告の主張」という欄を設けて記載するのが通例です。

82　第3章　訴状の送達を受けた場面（被告側の初動）

Q33　反訴

　原告に対して訴訟を提起したい場合にはどのようにすればよいでしょうか。

　原告に対して訴訟を提起する方法としては，係属中の訴訟とは別の訴訟を提起する方法と係属中の訴訟において反訴（民訴法146条）を提起する方法が考えられます。別訴の提起は，係属中の訴訟と無関係に訴訟を提起するものですので，通常の訴訟提起と異なる要件が課せられるわけではありません。

　これに対して，反訴は，①同一当事者間であること，②事実審の口頭弁論終結前であること，③反訴請求が本訴請求またはこれに対する防御方法と関連していること（ただし，原告の同意がある場合や原告が応訴した場合はこの要件は不要です），④著しく訴訟手続を遅滞させないことが要件であり，これらの要件を満たさない場合には別訴を提起するしか方法はありません。

　上記の反訴の要件のうち，実質的に問題になるのは③の要件です。「反訴請求が本訴請求と関連している」とは，訴訟物たる権利の内容またはその発生原因事実において共通点があることをいい，たとえば，特定の事故に関する損害賠償請求に対する損害賠償請求の反訴などが典型例です。また，「反訴請求が本訴請求に対する防御方法と関連している」とは，本訴請求に対する抗弁事実等を請求原因とする請求のことであり，たとえば，金銭請求に対して相殺の抗弁を提出し，反対債権の残額の請求をする場合が典型例です。なお，反訴の要件を欠く場合には訴え却下となりますので，別訴を提起する必要があります（最判昭41年11月10日民集20巻9号1733頁）。

　反訴提起の方法は，訴えの提起と同じです。FAX提出は認められず，反訴状の正本1通と被告へ送達用の副本を既存事件の係属部に提出する必要がありますし，訴状や郵券も必要です。なお，印紙については，本訴の目的と経済的価値が重複する部分については不要です（費用法3条1項別表一六項下段）。

反訴状の内容は実質的には訴状と同じですが，反訴請求が本訴請求と関連していることがわかる事情を記載してください。

記載例7 反訴状

平成○年（ワ）第○号　　○○請求事件
原　告　甲野一郎
被　告　乙川次郎

反　訴　状

収　入
印　紙
（○万○円）

平成○年○月○○日

○○地方裁判所民事第○部　御中
　　反訴原告訴訟代理人弁護士　　乙　島　健　太　郎　㊞

〒○○○−○○○○　東京都△△区□□○丁目○○番○号
　　　　　　反　訴　原　告　　　乙　川　次　郎
〒○○○−○○○○　東京都○○区××○丁目○番○号□□ビル○階
　　　　　　乙島法律事務所（送達場所）
　　　　上記訴訟代理人弁護士　　　乙　島　健　太　郎
　　　　　　　電　話　０３−○○○○−○○○○
　　　　　　　ＦＡＸ　０３−○○○○−○○○○
〒○○○−○○○○　東京都△△区□□○丁目○番○−○○○号
　　　　　　反　訴　被　告　　　甲　野　一　郎

○○請求反訴事件
　訴訟物の価額　　　○万円
　ちょう用印紙額　　○万○円

　　上記当事者間の頭書事件について，本訴被告は次のとおり反訴を提起する。

84　第3章　訴状の送達を受けた場面（被告側の初動）

反訴請求の趣旨

1　反訴被告は，反訴原告に対し，金２５０万円及びこれに対する平成
　３０年５月１４日から支払済みまで年６分の割合による金員を支払え。
2　訴訟費用は，反訴被告の負担とする。
　との判決並びに仮執行宣言を求める。

反訴請求の原因

第1　反訴原告は，反訴被告に対し，平成３０年３月２４日，反訴被告が
　　　特注した機械３０台を代金合計５００万円で売った。売買代金の支払
　　　時期は，本件機械の引渡後１０日以内とされた（甲１）。
　　　　反訴原告は，平成３０年５月３日，上記売買契約に基づき，反訴被
　　　告に対して，上記機械３０台を引き渡した。
　　　　反訴被告は，平成３０年５月１０日，上記機械１５台分の代金
　　　２５０万円を支払ったが，残代金２５０万円については支払わない。
　　　　よって，反訴原告は反訴被告に対して，上記売買契約に基づき，売
　　　買残代金２５０万円及びこれに対する履行期の翌日である平成３０年
　　　５月１４日から支払済みまで商事法定利率である年６分の割合による
　　　遅延損害金の支払いを求める。

第2　本訴との関連性
　　　　本訴は，反訴被告が反訴原告に対して，本件売買契約を解除して，
　　　既払金２５０万円の返還を求めるものである。
　　　　本訴も反訴も争点は，本件解除の有効性であり，本件反訴請求が本
　　　訴請求と関連していることは明らかである。

```
                          証　拠　方　法

        乙第○号証

                          附　属　書　類


      1　反訴訴状副本                              1通
      2　乙号証の写し                           各2通


                                                  以　上
```

Q34　訴訟告知

　物品に瑕疵があるとして販売先から訴えを提起されました。しかし，この物品はA社から仕入れたもので，仮に，この訴訟で負けた場合には，A社に求償したいと考えています。現時点で何かしておいたほうがよいことはありますか。

　設問のような場合には，訴訟告知（民訴法53条）をすることが考えられます。訴訟告知とは，訴訟の係属中に，当事者から第三者に対して訴訟が係属しているという事実を，法定の方式に従って通知することをいいます。

　告知を受けた者が訴訟に参加するか否かは自由ですが，告知を受けた者で補助参加の利益を有する者は，参加しなくとも参加することができた時に参加したものとみなされ，参加的効力を受けてしまいます（民訴法53条4項・46条）。

　補助参加とは，訴訟の係属中，訴訟の結果について法律上の利害関係を有する第三者が，その当事者を補助して訴訟を追行するために，訴訟に参加することをいいます（民訴法42条）。「訴訟の結果について法律上の利害関係を有する」とは，通説的見解によれば，参加人の法的地位を判断する際に本訴訟の判

第3章　訴え提起（被告）

86　第3章　訴状の送達を受けた場面（被告側の初動）

断が論理的前提にある場合をいいます。また，参加的効力とは，判決の主文を導き出すために必要な主張事実に係る認定および法律判断等について，告知をした者と告知を受けた者との間で，後訴において，前訴の判断に拘束される効力をいいます。

　訴訟告知は，告知者が，告知の理由と訴訟の程度を記載した訴訟告知書を裁判所に提出して，同書面が被告知者に送達される方法によって行われます（民訴法53条3項）。

記載例8　訴訟告知書

平成２９年（ワ）第○○号　○○請求事件
原　告　甲野一郎
被　告　乙川次郎

　　　　　　　　　訴　訟　告　知　書

　　　　　　　　　　　　　　　　　　平成○年○月○日

○○地方裁判所第○民事部　御中

　　　　告知人（被告）訴訟代理人弁護士　　○　　○　　○　　○　㊞

　上記当事者間の頭書事件について，告知人は，下記の者に対し，訴訟告知をする。

　　　　　　　　　　　　　　記
　　　　○○県○○市…
　　　　　　　　　　被告知人　　○　○　○　○

告　知　の　理　由

1　頭書事件は，原告が，告知人に対し，本件請負契約に基づき告知人が納品した本件機械に瑕疵があるとして，金1000万円の損害賠償請求を求めているものである。

2　しかるところ，本件請負契約の目的物である本件機械は，告知人と被告知人との間の請負契約に基づき，被告知人が完成させたものであるから，仮に告知人が上記事件において敗訴した場合，告知人は被告知人に対して，上記請負契約に基づく瑕疵担保責任として損害賠償請求権を有することになる。

3　したがって，告知人は，被告知人に対し，民訴法53条に基づき，訴訟告知をする。

訴　訟　の　程　度

　上記事件は，○○地方裁判所において，第1回口頭弁論が平成○年○月○日午後○時○分に指定されている。

第4章 期日対応

1 第1回口頭弁論期日の対応

Q35 第1回口頭弁論期日に向けた準備

> 訴訟提起後,第1回口頭弁論期日に向けてどのような準備をすべきでしょうか。

(1) 原告訴訟代理人が訴状提出後に行う期日準備

　裁判所に訴状が受理され配属部が決まると,原告訴訟代理人に対して第1回口頭弁論期日の日程調整の連絡が入ります。第1回口頭弁論期日は裁判所と原告側との都合だけで設定されます。民事訴訟法では,第1回口頭弁論期日については,特別の事由がある場合を除き,訴え提起の日から30日以内の日を速やかに指定することが要請されています(民訴規則60条)。もっとも,実務上は,被告側のある程度の準備期間を見込んで,訴え提起の日から40~50日程度後の候補日の中から原告側の都合を聞いて指定されることが多くなっています。

　第1回口頭弁論期日が指定されると,原告訴訟代理人から裁判所に対して期日請書を提出します(続行期日の場合には,期日の場で次回期日が指定されるため,期日請書の提出は不要です)。被告に対しては,訴状の送達とともに第

１回口頭弁論期日の呼び出し状が送達されます。

　また，東京地裁などでは，訴状が受理され，配属部が決まると，原告は，当該配属部に対して「訴訟進行に関する照会書」の提出を求められます（Q24参照）。

(2)　双方訴訟代理人が行う事前準備
(i)　提出済みの書面・証拠を再確認すること

　第１回口頭弁論期日では，事前に提出した書面や証拠の内容について，裁判官から質問される場合があります。そのため，最低限の事前準備として，第１回口頭弁論期日前には，提出した書面や証拠を見直しておきます。

　また，期日において想定される裁判官や相手方との口頭でのやり取りについて，事前に想定問答や対応方針のメモを作成しておくと，当日は落ち着いて対応できます。

　被告訴訟代理人も，答弁書に請求原因に対する認否や反論を記載している場合，裁判官からその内容について質問を受ける可能性がありますので，同様の準備が必要です。答弁書は，第１回口頭弁論期日の１週間前が提出期限とされており，期日までの間に裁判官が詳細に検討できていないこともあるため，求められた場合，口頭で答弁書の要旨を説明できるように準備をしておきます。

(ii)　相手方から提出された書面，証拠を検討すること
ア　原告訴訟代理人の準備

　被告からの答弁書は，第１回口頭弁論期日の１週間前が提出期限とされており，通常はその日までに提出されますが，場合によっては期日の直前に提出されることもあります。

　答弁書に対し，原告が第１回口頭弁論期日までに書面で認否反論を行うことまでは求められていませんが，期日の席上で裁判官から答弁書の内容についての原告側の認識等を簡単に確認される場合もあります。また，被告から実質的な答弁がされている場合には，裁判所から当事者双方に対して，主要な争点が

何か，その争点との関係でどういう証拠を出すつもりか，といった点まで突っ込んで確認されることもあります（奥宮京子ほか「座談会 民事訴訟のプラクティス（上）」判タ1368号14頁）。したがって，原告訴訟代理人としては，その場合に備え，答弁書を受領したらすぐに内容を検討し，依頼者にも共有して認否程度は把握しておくことが望ましいといえます。

イ　被告訴訟代理人の準備

被告が答弁書で請求原因に対する認否・反論を行わない場合には，訴状に対する被告の認否・反論の予定等を期日で確認されます。そのため，被告訴訟代理人としては，認否・反論に要する期間についてもあらかじめ検討しておくなど，どのように応答するかを検討しておく必要があります。

(iii)　期日に持参すべき書証等の準備

被告による答弁書の送達は，裁判所および原告訴訟代理人の事務所にFAX送信で直送することで足りますが（民訴規則83条），FAXでの直送に加えて期日の場にクリーンコピー（正本，副本）を持参することもあります（あるいは，期日までに期間的余裕があれば郵送することもあります）。

原本で証拠調べを求める書証がある場合，期日に持参することを忘れないようにします。また，期日の場で相手方から書面を受領する場合などに備えて，職印を忘れずに持参します。

(iv)　その他の段取り

出頭すべき法廷の番号や担当部（担当部の書記官室）等は事前に確認しておきます。第1回口頭弁論期日の法廷番号は，被告への期日の呼び出し状に記載されています（原告に対しては，期日指定の際に，口頭で伝えられます）。第2回期日以降はこのような呼び出し状は来ませんので，期日の際に口頭で指定される法廷番号を控えておきます。

相手方弁護士のプロフィール（専門の分野，過去の関与事件等），担当裁判官のプロフィール等も可能な限り確認し，必要に応じて依頼者にも共有します。

期日への当事者本人の出席は必須ではありませんが，傍聴席での傍聴も含めて出席予定を確認しておきましょう。大規模事件や著名事件の場合には，傍聴希望者が多く，傍聴が抽選となることがあります。その場合でも，訴訟当事者の関係者（会社の場合には法務担当者など）については特別傍聴券が配布されて，傍聴が認められる場合もありますので，事前に担当書記官に問い合わせます。

(4)　被告訴訟代理人が第 1 回口頭弁論期日に欠席する場合

原告は期日に出席しなければなりませんが，被告は，第 1 回口頭弁論期日を欠席することも可能であり，欠席した場合でもあらかじめ提出している答弁書は擬制陳述されます（民訴法158条）。

欠席する場合にも特段の理由は必要ありません。そのため，第 1 回口頭弁論期日はあえて欠席することを勧める向きもあるようです。もっとも，被告訴訟代理人が遠方の場合や，単独事件などの比較的規模の小さい訴訟事件の場合などでは，被告訴訟代理人が第 1 回口頭弁論期日を欠席するケースがありますが，合議事件など大規模あるいは重要な事件の場合には，被告訴訟代理人が欠席するケースはまれであるという印象です。被告訴訟代理人としても，法廷での裁判官の発言や訴訟指揮を直接確認することで，今後の訴訟進行の参考とすることができるため，可能な限り出席すべきです。やむなく欠席する場合には，事前に次回の期日調整を行うため，欠席が確定した段階で早めに裁判所に連絡をすることが訴訟代理人としてのマナーです。

Q36　第 1 回口頭弁論期日の手続の流れと留意点

第 1 回口頭弁論期日の手続の流れはどのようになりますか。どのような点に留意する必要がありますか。

92 第4章 期日対応

(1) 第1回口頭弁論期日の手続の流れ

第1回口頭弁論期日の手続の流れは，概ね次のとおりです。

【口頭弁論期日の手続の流れ】

> ① 廷吏による事件番号・当事者名の読み上げ
> ② 手続事項（訴状，答弁書等の書面の陳述手続，証拠の取調べ手続）
> ③ 裁判官から書面や証拠の内容についての確認，当事者からの説明
> ④ 裁判官から今後の進行についての確認，当事者からの進行についての意見聴取
> ⑤ 次回期日の指定

この流れは第2回以降の口頭弁論期日においても概ね共通です。

第1回に限らず，一般に口頭弁論期日では，準備書面の陳述等の形式的なやり取りが中心であり，争点整理を目的として内容にわたる議論をどの程度行うかは，事件や裁判官によってさまざまです。裁判官によっては，争点整理を目的として口頭弁論期日で準備書面の内容について細かい質問をする場合もあります。もっとも，口頭弁論期日は通常同一時間帯に複数の事件が指定されており，1件当たりの時間は5分から10分程度しか予定されていないことがほとんどです。

(2) 留意点

期日の進行は裁判所の主導で行われます。準備書面の陳述についても，「陳述でよいか」などと裁判所が訴訟代理人に確認する形で行われます。これに対し，通常は「陳述します」とだけ答えます。事件によっては裁判所が準備書面の内容について質問したり，訴訟代理人が準備書面の内容について口頭で意見陳述を行ったりする場合もあります。

準備書面の内容に訂正がある場合には，それが内容にわたる訂正の場合には改めて準備書面を提出し直すことを求められますが，誤記等の形式的な訂正で，相手方にも異論がない場合には，その場で正本および副本に事実上手書きで直

してもらい，それで済ませることもあります。

　訴訟代理人は裁判所からの問いかけがあった場合には，着席したままではなく，立ち上がって発言することがマナーです。

　書証の取調べは，原本での取調べを求めるものは，原本を提示して行います。スムーズに書証の取調べを行うため，原本で取り調べる書証は別に分けておき，まとめて提示できるようにします。期日に原本の持参を忘れる訴訟代理人は意外と多いので，注意が必要です。

　訴訟代理人が発言する場合には，裁判所に対して「（発言して）よろしいですか」などと断り，許可を得てから行います。相手方の書面や証拠の内容に関して不明な点がある場合には，裁判所に対して，「相手方の書面では，○○の点が明らかでないので，この点を明らかにするように釈明してください」などと言って，裁判所を通じて釈明を求めることもできます（求釈明についてはQ39・40参照）。

　次回期日以降の進行に関しては，裁判所から考えを示されることもありますが，裁判所と異なる意見がある場合には訴訟代理人の意見を述べる必要があります。第1回期日や早い段階の期日では双方の準備書面および書証の提出が交互に繰り返される程度であるため，進行についての意見が対立することはあまりありません。しかし，双方の主張がある程度出揃った段階では，弁論準備に付して争点および証拠の整理をするのか，人証調べに移るのか，和解協議を挟むのか等，当事者側の意見と裁判所の意見とが異なる場合もあります。たとえば，相手方が訴訟の引き延ばしを図ろうとしている場合には，既に主張立証が尽きており，繰り返しとなっていることなどを具体的に述べて，裁判所に速やかな訴訟進行を促すことが考えられます。第一審の裁判所は，あまり強引で性急な訴訟指揮を好まず，控訴審を意識して，当事者に主張立証を尽くさせる傾向にあります。そのため，当事者からの進行についての積極的意見がなければ訴訟手続がなかなか先に進まないことが生じます。そこで，スムーズな訴訟進行を図るうえで，このような進行に関するやり取りについても事前に想定して準備しておくことが有益です。

第4章　期日対応

94　第4章　期日対応

Q37　続行期日の種類と訴訟代理人の対応

第1回口頭弁論期日後の続行期日として，どのような種類の期日が指定されますか。裁判所の考える続行期日に対して，訴訟代理人が意見を言うことは可能ですか。

(1)　続行期日の種類

　当事者間に争いがない事件は別として，それ以外の事件では第1回期日で審理が終わることはなく，続行期日が指定されます。続行期日には，各期日に行われる訴訟行為の目的に応じ，次のような種類があります。

---

①　口頭弁論期日（通常の口頭弁論期日，準備的口頭弁論期日）
②　弁論準備手続期日
③　進行協議期日
④　証拠調期日
⑤　和解期日
⑥　判決言渡期日

　実質的に争いのある事件は，まず争点整理をし，その後，争点に関して集中証拠調べをするというのが現行の民事訴訟法の建前です。そのような争点整理を目的とした期日として，通常の口頭弁論期日を利用することもできますが，他には準備的口頭弁論（民訴法164条以下），弁論準備手続（民訴法168条以下），書面による準備手続（民訴法175条以下）が用意されています。

(2)　争点整理のための各手続と特徴
(i)　口頭弁論期日

　最もオーソドックスな進行は，当事者双方の主張立証が一通り出揃うまでは，口頭弁論期日として続行するという進行です。口頭弁論期日とは，公開の法廷

で，当事者が対席して，直接口頭で申立てや攻撃防御の方法を提出する審理方式です。訴訟における中心手続であり，審理の中心の場でもあります。

口頭弁論期日においては，争点および証拠の整理，証拠調べ，和解も行うことができます。もっとも，実務上，口頭弁論期日は，同一時間帯に複数の事件が入れられるため，その場での実質的な議論や争点整理は期待できません。そのため，争点および証拠の整理が必要な場合には，弁論準備手続に付されることが一般的な進行です。なお，準備的口頭弁論期日（民訴法164条以下）とは，口頭弁論を争点および証拠の整理の目的のために特化して利用するものであり，争点の確定後に人証の取調べを行う口頭弁論期日とは段階的に区別されるものと整理されていますが，あくまでも口頭弁論の一種であり，通常の口頭弁論と同一の規制を受けることになります（準備的口頭弁論期日として指定する場合は，同手続を行う旨の明示的な決定をすることになりますが（民訴法164条），実務上は，準備的口頭弁論期日として指定されることは通常ありません）。

(ii) 弁論準備手続

弁論準備手続（民訴法168条以下）は，主張および争点整理を目的とした手続であり，当事者双方が立ち会う（一方が電話での参加の場合を含みます）ことができる，口頭弁論期日外の期日において協議を行う手続です。手続は非公開で，当事者（法人の場合には代表者だけでなく，担当者も含まれるものとして運用されています）と訴訟代理人以外は参加できません。事案が複雑であるなど，当事者の主張整理を裁判所と当事者間で実質的な議論をしながら進めるほうがよいと判断される場合には，裁判所は，弁論準備手続に付したうえで期日を続行することもあります。訴状および答弁書の段階で既に争点が複雑であると見込まれる場合には，第2回目の期日から弁論準備手続に付すケースもよくあります。

(iii) 進行協議期日

進行協議期日は，審理の充実や円滑な訴訟進行の実現を目的として，当事者

96 第4章 期日対応

双方が立ち会う（一方が電話での参加の場合を含みます）ことのできる口頭弁論期日外の期日です。進行協議期日では，裁判所および当事者が，口頭弁論における証拠調べと争点との関係の確認その他訴訟の進行に関し必要な協議を行うことができます。公害事件等の大規模事件では，主張予定や立証計画（人証計画）などを協議するために進行協議期日を開く場合があります。進行協議期日は口頭弁論期日と交互に開かれたり，口頭弁論期日と同じ日に引き続いて開かれたりします。手続は非公開で，当事者と訴訟代理人以外は傍聴もできません。

(3) 続行期日の指定と訴訟代理人の対応

　続行期日の指定は，原則として職権で行うこととされており（民訴法139条），基本的には裁判所が主導して決めることになります。もっとも，裁判所は続行期日を指定するにあたり，当事者の意見も聴くことになっており，訴訟代理人は，当事者として特に意見がある場合には，意見を述べることができます。手続保障の観点から，裁判所は期日設定に関しては比較的訴訟代理人の意見を聴いてくれます。

　続行期日は，口頭弁論期日であれ，準備期日であれ，1カ月から1カ月半の間隔で入れられます。ただし，合議事件の場合，法廷の開廷日が通常週1回であり，期日調整がしづらいことがあります。そのため，訴訟代理人として早期に事件の進行を希望する場合には，便宜上，弁論準備手続に付すことを求めることもあります。弁論準備手続の場合には，開廷日の調整が要らず，また合議事件でも受命裁判官のみによって期日を開くことができるため，期日の設定が比較的柔軟にできます。そのため，期日調整が難しい場合には，専ら期日設定の便宜のために口頭弁論期日に代えて弁論準備手続に付すことも行われています。

2 続行期日の対応

Q38 続行期日に向けた当事者の準備

期日の1週間前に相手方から準備書面と書証が提出されました。これを受けて次回期日に向けてどのような準備をすべきでしょうか。

　次回期日での進行予定にもよりますが，事前準備としては，基本的には第1回期日の準備として述べたところ（Q35）と同じです。相手方の準備書面の陳述が予定されている期日であれば，相手方から提出された書面に対する認否反論の書面が期日までに準備できている必要まではありません。もっとも，相手方の準備書面が，期日にかなり余裕をもって提出された場合や，当方の主張を覆す新たな事実の主張，新たな証拠の提出があった場合などには，期日の場で裁判官から当方の認識等を確認される場合もあります。そのため，期日の場での口頭での議論に備え，相手方の準備書面を受領した段階ですぐに内容を確認し，同時に依頼者にも共有して，内容の認否程度は確認しておくことが望ましいといえます。

　また，期日では，当方の反論書面の要否や，準備に必要な期間を確認されますので，事前に検討しておく必要があります。通常は提出期限を1カ月程度先に設定しますが，それより長い準備期間を求める場合には，その理由を簡単に準備しておきます。

Q39 求釈明の申立て

> 相手方の主張内容が不明瞭な場合，相手方に直接確認を求めることはできますか。

(1) 求釈明の意義

　民事訴訟法149条1項は，「裁判長は，口頭弁論の期日又は期日外において，訴訟関係を明瞭にするため，事実上及び法律上の事項に関し，当事者に対して問いを発し，又は立証を促すことができる。」と規定しています。このように裁判所側から，当事者に対して質問をしたり，立証を促したりする行為を釈明（あるいは求釈明）と呼びます。民事訴訟法上，「釈明」は，裁判長の権能として規定しています。

　これに対し，当事者が，裁判長に対して釈明をしてもらうように働きかける権利を求問権（民訴法149条3項）と呼びます。つまり，「求釈明」とは，民事訴訟法上，訴訟の一方当事者が反対当事者に直接問いを発することが認められているものではなく，裁判長に対して発問（反対当事者に対する釈明）を求めるものと解されています。そして，求問権が行使された場合において，裁判長が発問の必要があると認めるときは，その発問は釈明に関する民訴法の規定（民訴法149条1項・4項）によって行われることになります。

(2) 求釈明の範囲

　裁判長による釈明権の行使は，当事者の申立てや陳述に不明瞭な点がある場合などに，訴訟関係を明瞭にするために，事件に関連する事実問題または法律問題について質問し，あるいは申立てや攻撃防御方法の提出を促すことを通じて，事案の解明などに裁判官が協力することにあり（民訴法149条1項），当事者による求釈明の申立て範囲も，この裁判長の釈明権の範囲の制約を受けることになります。

(3) 求釈明の有用性

　相手方当事者のなした申立て・主張が不明確・不明瞭であり，かつ，その申立て・主張が認否・主張その他以後の訴訟活動を行ううえで重要であり，その点を明瞭にしておくことが不可欠であると考えられる場合には，訴訟代理人としては，求釈明事項を吟味したうえで，争点を浮き彫りにする有効な手段として，あるいは被告としての防御範囲を明確化する手段として，求釈明を用いるべきです。

　ただし，枝葉末節にわたる求釈明は審理を混乱させるだけであり，むしろ有害です。そもそも不明瞭な主張はその主張自体が失当ですし，証拠がなければそのことを端的に指摘することで足り，必ずしも求釈明という形をとる必要はありません。したがって，求釈明の申立てが有効である場面は限られるものと思われます。

Q40 裁判所の釈明への対応

　相手方に主張立証責任がある事実について，裁判所から当方に対して事実関係等を明らかにするように促されました。どのように対応すべきでしょうか。

(1) 裁判所の釈明の意図

　専門的知見の導入が問題となるような訴訟，新しいタイプの金融商品関連訴訟，システム開発訴訟等の複雑困難な訴訟においては，裁判所が事案を正確に理解すること自体に困難が伴います。そのような事案では，裁判所は，事案を理解するうえで前提となる専門知識を正確に理解して，早期に当事者との間で共通認識を形成しようとします。そのため裁判所は，基本的な攻撃防御方法の骨格を正確に理解するために必要となる専門的知識や業界の常識などについて，期日において口頭で説明を求めることがあります。たとえば，製造物責任訴訟

における当該製造物の仕組み，金融商品関連訴訟における新しいタイプの金融商品の仕組みなど，事案の前提となる複雑かつ専門的な知識について，書面による主張に加え，期日において口頭での説明を求め，裁判所が適切に事案を把握しようとすることが行われます（谷口安史ほか「争点整理手続における口頭議論の活性化について(1)」判タ1436号14頁）。

　また，特殊な不法行為など，義務内容や義務違反を基礎づける事実関係が複雑かつ専門的である訴訟においては，争点整理の初期の段階で，当事者の主張を具体化するとともに，前提となる事実関係を明確にしていくことが重要となります。そのためには，前提となる事実関係を裏付ける資料が提出される必要性が高いといえます。このような場合には，裁判所は，法律上の主張立証責任の観点ではなく，事案の整理や真実解明の観点から，立証責任を負っていない当事者側に対しても，必要な事実関係（議論の共通の土台となる事実関係）を明らかにしたり，証拠を開示したりするように求めることがあります（谷口ほか・前掲15頁）。

(2)　当事者の対応

　民事訴訟法上，当事者には，裁判長の釈明に対する一般的な回答義務は定められていません。もっとも，釈明権の行使は，裁判所が訴訟関係を明瞭にするために必要と判断して行っているものですから，理由なく回答しないことは不利な結果を招く可能性もあります。したがって，裁判所からの釈明に対しては，その趣旨を踏まえて適切に対応する必要があります。

　裁判所としても，主張立証責任を負わない事項に関する主張立証を求めることは慎重であるべきと考えられていますが，当事者の側としても，法律上の主張立証責任に固執した対応をすることには注意が必要です。すなわち，釈明の制度は，弁論主義の形式的な適用による不合理を修正し，訴訟関係を明らかにし，できるだけ事案の真相をみきわめることによって，当事者間における紛争の真の解決をはかることを目的として設けられたものであると理解されています（最判昭45年6月11日民集24巻6号516頁）。そのため裁判所は，主張立証責

任の観点を踏まえつつも、求釈明を行い、また、求釈明への対応がされない場合でも、情報・証拠の偏在の状況を踏まえ、法律上の証明責任の転換規定や法律上の推定規定がない場合でも、事実上の推定、表見証明、証明度の軽減といった訴訟上の手段を駆使して証明軽減を図ることがあります。

　たとえば、製造物責任法に基づく損害賠償請求訴訟においては、製品の欠陥、欠陥と事故との間の因果関係、損害といった要件事実の証明責任は、証明責任の分配の一般原則に従い、損害賠償請求者（消費者である個人の場合が多い）にあります。しかし、製造物の欠陥によって被害を受けた当事者は、製造物の設計や製造工程について何らの情報も有していないのが普通であり、また情報が得られた場合にもこれを正しく評価するのに必要な専門的知識経験を有しないため、とりわけ製造物の欠陥や欠陥と損害事故（権利侵害）との間の因果関係について証明責任を負う損害賠償請求者は、製造物責任訴訟において重大な証明困難に直面することになります。このような場合、日本の製造物責任法には、欠陥の存在や欠陥と損害事故（権利侵害）との間の因果関係に関し証明責任の転換規定や法律上の推定規定は存在しないため、裁判所によっては、事実上の推定、表見証明、証明度の軽減のような訴訟上の手段によって証明軽減を図ることが試みられています。裁判例の中には、事実上の推定によって製造物の欠陥を認定したものも存在します（鹿児島地判平3年6月28日判タ770号211頁、大阪地判平6年3月29日判時1493号29頁、仙台高判平22年4月22日判時2086号42頁ほか）。本問においても、裁判所が事実上の推定による欠陥の認定の手法を取り、事業者側にその推定を覆す反証を求めている可能性もあります。訴訟代理人が裁判所の趣旨を読み誤り、証明責任の分配の一般原則にとらわれた対応に終始していると依頼者をミスリードしてしまう可能性がありますので、注意が必要です。

　また、企業と労働者間での未払い残業代の支払請求訴訟では、未払い残業代が存在することやその金額の主張立証責任はこれを請求する労働者側にあります。しかし、未払い残業代の有無を明らかにするための始業、終業時刻を示す記録であるタイムカードなどの資料は企業側が保有しており、労働者側には手

第4章　期日対応

持ちの資料がない場合が往々にしてあります。その場合に，労働者側からは，訴訟提起に先立ち，タイムカード等の開示の請求がされ，これに応じなかった場合には，証拠保全の申立てや，訴訟上での任意の開示要求や文書提出命令の申立てがされることがあります。このようなケースでも裁判所からタイムカード等の開示を要請されることがあります。

　以上のように裁判所からの要請にはさまざまな意図や目的があり，当事者としては，裁判所の意図や心証をよく踏まえて対応を検討する必要があります。法律上の主張立証責任の分配に反し，自ら進んで不利な証拠を出す必要はないものの，専門的知見の導入が問題となる事案や複雑困難な事案では，裁判所に正しく事案を把握してもらうことは当事者としても重要であり，争点整理や事案の解明が促進されるという効果がある点でも，当事者からの口頭による説明には一定の意味があります。

Q41　裁判所の心証開示

　裁判所は，争点整理期日の席でも，当事者の主張内容についてほとんど言及がなく，どの程度内容を理解しているのか，どのような心証を抱いているのか不安です。どのような方法で裁判所の事案に対する理解や心証を知ることができますか。裁判所の開示した心証が納得できない場合にはどのように対応すればよいですか。

(1)　争点整理のための心証開示

　その方法手段のいかんを問わず，裁判所が事案に対する理解や心証を明らかにすることを広く心証開示と呼んでいます。一般に心証開示には，争点整理のためのものと和解のためのものがあるとされています。前者の場面で心証開示の対象となるのは，①争点の指摘（争いのある事実および法律問題が何かについての裁判所の認識の表明），②法律上の見解の表明（適用すべき法律の選択，

内容についての裁判所の見解の表明），③狭義の心証開示（要証事実の存否についての裁判所の判断の表明）に分けられます（司法研究報告書40輯1号『民事訴訟のプラクティスに関する研究』（司法研修所，1988）86頁）このような争点整理のための心証開示には，裁判所がその時点で重要と考える争点や重視していない主張を明らかにして当事者と共通認識を持ち，当事者に主張立証を補充する機会を与えるという意味があります。

　従来，裁判官はポーカーフェイスが望ましく，裁判官が心証を開示するのは，判決の中に限られるべきであり，審理の過程でこれを行うのは，中立性に疑義を抱かせるから避けるべきものと理解されていました。しかし，現在の実務において，争点整理のための心証開示は，充実した争点整理のために必要不可欠と認識されています（矢尾渉「争点整理のための心証開示について―裁判所の心証は，なぜ当事者に伝わりにくいのか」民事訴訟雑誌62巻154頁以下）。

　裁判官のアンケート（矢尾・前掲155頁以下）によれば，ほとんどの裁判官が争点整理のための心証開示を行い，それが当事者に的確に伝わっており，それによって中心的争点に沿って充実した立証が行われるメリットがあると理解しているようであり，争点整理のための心証開示は比較的行われているのではないかと思われます。他方で，裁判官によっては争点の拡散，当事者の反発，開示した心証による自縄自縛等をデメリットととらえ，それらに配慮して，表現を婉曲にし，開示を躊躇することがあるともいわれており，裁判官の心証開示の仕方によっては，それが訴訟代理人や当事者に伝わっていない可能性もあります。

(2)　訴訟代理人の留意点

　以上のような理由から裁判所の心証開示が訴訟代理人や当事者に伝わりにくい場合があることは否めないところです。この点は，心証開示をする裁判官の側においても工夫を要する面はありますが，当事者側に立つ訴訟代理人としての留意点もあります。上記のとおり，争点整理のための心証開示は，当事者に対して中心的争点について充実した主張立証の機会を与え，不意打ちを防止するために不可欠の情報提供であり，当事者にとっては極めて重要なきっかけと

104 第4章 期日対応

なります。訴訟代理人が裁判官の心証開示を的確に受け止めることができれば，それに応じた適切な主張立証方法を追加でき，裁判官にも心証を見直させるチャンスとなります。したがって，訴訟代理人は，争点整理の段階においても，裁判所の心証を的確に受け止めて対応できるだけの準備を整えて期日に臨むことが望ましいといえます。そのために，訴訟代理人の人的態勢（人数）のほか，たとえば，類型的な主張立証がされる事件については，その類型の事件の裁判例や裁判所の訴訟運営に関する論考等の文献を参照し，裁判所の法的見解や証拠評価の一般的傾向に関する知識を持って期日に臨むことなどが大切です。

　また，裁判所が，心証開示による当事者の反発をデメリットとして捉えて，表現を婉曲にしたり，開示を躊躇したりすることも指摘されていることを踏まえると，訴訟代理人として裁判所の心証開示をためらわせるような感情的な対応は控えるべきでしょう。争点整理のために開示される心証は一般的に暫定的なものであり，訴訟代理人からの適切な主張立証に応じて自己の心証を随時柔軟に見直す用意があるからこそ行っているというのが裁判官の通常の意識のようです。訴訟代理人としては，仮に開示された心証が納得できるものでない場合にも，自己の主張立証を再検討して補充する機会を得たものと受け止め，あるいは，明示的な対応をしてその認識を裁判所にフィードバックし，心証の齟齬を解消していくことこそが重要です。

Q42　期日における発言の留意点

　弁論準備手続期日であるにもかかわらず，書面の確認と次回期日の調整くらいしか行われません。裁判所から発言を求められていない場合でも，積極的に発言すべきでしょうか。

　逆に，相手方代理人から口頭で釈明や質問をされた場合に，その場での発言を控えて「書面で明らかにする」，「釈明を求めるなら書面で」という対応は，期日における議論が深まらないため望ましくないのでしょうか。

(1) 積極的に発言する場合の留意点

　本来，弁論準備期日は，当事者と裁判所がひざ詰めで，証拠を確認しながら争点整理を進める手続であり，そのために口頭での議論が活発に行われることが期待されています。また，当事者の主張を裁判所の頭にインプットさせる意味でも，書面による主張に加え，期日における積極的な発言は望ましいといえます。もっとも，発言する場合には，裁判所が理解しやすいように，手短に主張の要点を述べるように工夫したほうがよいといえます。なお，弁護士によっては，相手方の対応や書面内容を期日の場で論難することによって裁判所に対して自分の側の主張の正当性，優位性をアピールしようとする者もいますが，争点とは関係しないことについてそのような対応をしても裁判所を困惑させるだけで，よい心証は与えないように思われます。期日における発言の目的は相手方に対する攻撃や自己の依頼者に対するアピールではなく，あくまで裁判所に対する主張の正当性のアピールであることを肝に銘じるべきです。

(2) 発言を求められた場合の留意点

　最近では，口頭弁論期日や争点整理期日の充実のために，裁判所が，口頭での議論を重視し，当事者の主張や証拠について口頭での説明を求めるケースが増えています。

　裁判所あるいは相手方から求釈明や質問を受けた場合には，その場で直ちに適切に回答できるのであれば，そのような姿勢は自己の主張に根拠や自信を持っていることの現れと映り，裁判所に対してもプラスの印象を与える可能性もあるため，望ましい対応といえます。したがって，訴訟代理人としては，そのような展開に備え，自己の主張のポイントを的確に説明できるように事前準備をして期日に臨むことが重要です。しかし，逆に十分な検討ができていない状況では，結果として不利益となるような説明や訴訟進行についての意見を述べてしまうおそれもあります。したがって，そのような状況では発言は慎重にならざるをえません。とりわけそのテーマが訴訟の帰趨に影響を及ぼす可能性のあるものであればなおさら慎重に対応せざるをえません。また，いずれの対

応をする場合でも，裁判官の釈明や質問の意図あるいは問題意識を正しく認識したうえで対応することが重要であり，回答を留保する場合でも，期日においては，裁判所の意図あるいは問題意識を確認することだけは十分に行っておく必要があります。

Q43　期日への当事者本人の同行

裁判所から弁論準備手続への当事者本人の同行を求められましたが，どのように対応すればよいでしょうか。また，同行させる場合，あるいは相手方が同行させる場合には，どのようなことに留意すべきですか。

(1)　裁判所が当事者本人の同行を求める場合

　裁判所が当事者本人（法人の場合は代表者や担当者）の出頭を求める場合としては，間接事実レベルでの争点整理が必要な場合，争いの重点が明確ではない場合，専門的な知識に基づく説明が必要である場合，和解のための説得を必要とする場合などが挙げられています（東京地方裁判所プラクティス委員会第二小委員会「争点整理の現状と今後の在るべき姿について―東京3弁護士会有志によるアンケートを踏まえて」判タ1396号21頁）。このうち最も多いのが，和解のための説得を念頭に置いて当事者本人の同行を求める場合と思われます。

　いずれの場合も訴訟代理人が選任されている以上は，本来，訴訟代理人において対応すべきであり，裁判所からこのような指示を受けるということは，訴訟代理人としての役割を果たし切れていないというメッセージでもありますので，訴訟代理人の立場としては自らの訴訟活動を見直してみることが必要です（もちろん，裁判所の立場と当事者本人の立場は異なりますので，訴訟代理人として，当事者本人の利益のために活動した結果としてそのような指示を受けることになったのであれば，それは訴訟代理人としての役割を果たしているという見方もできます）。いずれにせよ，裁判所から当事者の同行を求められた

場合には，一般的には，その趣旨を確認し，特に断る理由がない限りは同行させることになります。

(2) 同行させる場合の留意点

　当事者本人あるいは証人になりうる者が期日に同行した場合には，裁判所または相手方から，その者に直接発問される可能性があります。通常の弁論準備期日は，証人尋問の期日ではないので，その発言が直ちに証拠となるわけではありませんが，当事者本人の不用意な発言を自白と扱われてしまう危惧や，裁判所の心証に影響を与えるおそれも否定できません。したがって，裁判所から同行を求められた場合には，その趣旨を確認したうえで，なお疑義があれば，人証として心証をとる目的ではないことを確認することが考えられます。

　また，裁判所が和解含みの進行を考えている場合には，裁判所が直接本人を説得しようという意図があり，和解に応じることを強く説得される可能性があります。したがって，当事者本人が同席することになった場合には，訴訟の状況，裁判所が同席を求めている意図等を当事者本人に十分に説明し，和解に対する対応方針を事前によく打ち合わせて，当事者本人が戸惑うことのないようにすることが大切です。

(3) 相手方の立場からの留意点

　逆に相手方としては，当事者本人等が期日で自由に発言することによって，事実上の裁判所の心証形成がされてしまうことへの懸念があります。そのような懸念がある場合には，裁判所の趣旨を確認して，その懸念を率直に伝えて進行に留意してもらうように求めます。争点の立証に直接関わる内容を確認するつもりであれば，そのような内容は証拠調べの方法によって実施すべきであり，当事者本人以外の者については，同行に反対の意見を述べることも検討します。

　また，裁判所の意向とは無関係に，当事者本人が一方的な発言をする可能性もありますので，その場合には相手方代理人は，裁判所に対して制止を求めるなどの対応をします。もちろん無関係の事情を延々と発言するような場合には

108　第4章　期日対応

そのまま放っておくこともあります。いずれにせよ，期日の場で相手方の当事者本人との間で直接言い合いになることは見苦しく，そのような対応はしないように注意します。

Q44　付調停（民事調停法20条）への対応

　裁判所から訴訟事件を調停に付すと言われました。どのような意図があるのでしょうか。当事者としてはどのような対応や準備をすべきでしょうか。

　建築訴訟，システム開発訴訟など専門的訴訟では，争点整理の段階で訴訟事件を調停に付し，専門家調停委員の協力を得ながら争点整理や心証形成を進めることが広く行われています。これは，専門家調停委員の意見を聴取するための付調停の制度（民事調停法20条）に基づく運用です。

　本問の裁判所としても，専門家調停委員の専門的知見に基づき争点整理を行い，調停によって事件を解決することを期待しているものと思われます。同じく専門家の知見を活かすための制度として専門委員の制度（Q45）がありますが，裁判所は，調停委員による主導的なあっせん調整や当事者の説得活動に期待して，より使い勝手のよい付調停の運用を取っていると考えられます。しかし，当事者の立場からは調停に付されることにより解決まで一定の期間を要すること，法的判断よりも和解的解決が重視され，訴訟を提起した目的に反する進行になりかねないこと，調停がまとまらなかった場合には再び訴訟に戻すことになり，その場合の調停での調停委員の意見がどのように訴訟上も扱われるのか不透明であるなどの問題点もあります。当事者の立場からは，そのような点も踏まえて付調停に対する意見を述べます。

Q45 専門委員の関与

建築訴訟で，裁判所から専門委員を入れて争点整理を行いたいと言われました。当事者としてはどのようなことに注意して対応すればよいでしょうか。

(1) 専門委員とは

医事，建築等の専門訴訟は，この種の専門的知識を有しない裁判官および弁護士にとって事案の解明に多くの時間が必要となるため，審理の長期化を招きやすいといわれています。そこで，専門分野に関する知識が必要になる事件について，裁判所が専門的な知見に基づく説明を非法曹の専門家から聴くための手続として，専門委員制度が設けられています（民訴法92条の2～7，民訴規則34条の2～10）。専門委員とは，非常勤の裁判所職員として，争点整理，証拠調べや和解の場面で，専門的な知見に基づく説明をすることで裁判官を補助する専門家です。専門委員の指定に際しては，裁判所は，当事者の意見を聴かなければならないこととされています（民訴法92条の5第2項）。もっとも，当事者は意見を述べることはできますが，裁判所は，当事者の同意がなくても専門委員を指定することができます。

専門委員は，医療関係訴訟，建築関係訴訟の他，IT関係訴訟，製品やシステムの瑕疵が問題となる訴訟，交通損害賠償訴訟，境界確定訴訟等で活用されています。もっとも，各専門訴訟の特質や従前からの審理改善方策によって運用の様相は異なります。

(2) 専門委員の役割と留意点

専門委員の関与の場面としては，争点整理，証拠調べおよび和解勧試の手続があります。専門委員が提供する専門知識の提供の仕方は，あくまで「説明」であり，「意見」ではないと整理されています。

110　第4章　期日対応

　また，専門委員は鑑定に代替するものではないものとして制度設計がされています。つまり，専門委員の発言等は証拠としては扱われません。

　もっとも実際には，当事者の同意を条件として，専門委員に客観的な推論，さらには評価的説明まで認め，それを心証の基礎とする実務が広がりつつあるといわれています。

　しかし，専門委員の「説明」として，具体的な事実に対する経験則の適用結果を示すことは，「説明」というよりも，もはや「意見」の領域であり，本来的には鑑定によって行うべき事項であり，安易に専門委員の説明を鑑定に代えることは，鑑定の規律の回避につながるという懸念も指摘されています。同じ理由で「弁論の全趣旨」として，裁判所が専門委員の説明をそのまま心証の基礎とすることにも慎重にならなければならないと考えられます（杉山悦子『民事訴訟法　重要問題とその解法』（日本評論社，2014）158頁）。したがって，専門委員の選任を裁判所から提案された場合には，その運用が本来の制度趣旨に沿って行われているかは留意して見る必要があります。

Q46　期日における訴訟代理人の振舞い

　期日における訴訟代理人の振舞いとしてどのようなことに注意すべきでしょうか。

　訴訟代理人の訴訟活動は，書面の作成や証拠の収集・提出等の活動に限られません。裁判所は，書面や証拠の提出期限の遵守状況，法廷での立ち振舞い方など，訴訟代理人の訴訟活動全体を通じて，事案についての心証を形成しています。いかに当事者が誠実に対応しようとしていたとしても，訴訟代理人の対応が裁判所の信頼を裏切るものであれば，裁判所の当事者に対する心証が悪くなることも十分ありうることです。たとえば，訴訟代理人が書面の提出期限を守らないことは，当事者が十分な主張ができないからだと理解されてしまうおそれもあります。したがって，当事者はもちろん，訴訟代理人としても，事件

の心証に影響を与え，また裁判所の信頼を裏切るような態度はとらないことが大切です。

期日における訴訟代理人の振舞いとして気を付けたいのは，遅刻，忘れ物，訴訟の引き延ばし行為，あまりに当事者と同化した対応（感情的発言）などです。服装などの身だしなみにも留意が必要です。

また，法廷での発言の際には，裁判所の許可を得たうえで発言する，発言する際には起立するなども留意する必要があります。

Q47 期日後の対応

訴訟代理人が期日後に行うべきことにはどのようなことがありますか。

(1) 期日報告書の作成

当日もしくは翌日の記憶の新鮮なうちに期日報告書を作成して，依頼者に送付して報告します。期日報告書の書式は弁護士それぞれに工夫があるところですが，期日における裁判所および当事者の発言をなるべく正確に記録しておき，期日のやり取りがなるべく正確に再現できることが望ましいといえます。

期日報告書は依頼者との重要なコミュニケーションツールであり，また訴訟代理人の備忘としても重要です。期日での手控えをもとに期日報告書をまとめる過程で，改めて期日での裁判所の発言を整理することによって，裁判所の問題意識に気づくこともありますので，代理人の訴訟活動にとっても有用な作業といえます。

112 第4章　期日対応

記載例9　期日報告書

平成○年○月○日

○　　御中

甲野法律事務所
弁護士　甲野太郎

<u>期日報告書</u>

　平成○年○月○日に，○請求事件（平成29年（ワ）第○号）の第4回弁論準備手続期日がありましたので，以下のとおりご報告申し上げます。

1　期　　　　日　　平成○年○月○日（○）午後○時○分〜午後○時○分
2　場　　　　所　　東京地方裁判所民事○部
3　参　加　者　　裁判所：○裁判官
　　　　　　　　　　原告：○
　　　　　　　　　　被告：○
4　書面・証拠　　原告：平成○年○月○日付第2準備書面
　　　　　　　　　　　　甲26〜36（うち甲29の原本を確認）
　　　　　　　　　　被告：なし
5　期日の概要　　別紙「期日の概要」のとおり
6　次 回 期 日　　<u>平成○年○月○日（○）午後3：00〜</u>
（弁論準備手続期日　東京地方裁判所民事第○部）

（別紙）

期日の概要

第1　手続

▷原告が平成○年○月○日付第2準備書面を陳述した。
▷甲○号証の原本を確認した。

第2　期日でのやり取り

【原本確認】
裁判所：甲○号証の原本確認を行う。
原　　告：手書きメモ部分が担当者○氏の直筆部分である。
裁判所：作成者が証拠説明書記載のとおりであるということについて，被告も
　　　　特段異議なしということで確認した。

【次回の被告主張】
裁判所：段々と主張がはっきりしてきたが，原告の今回の主張によれば，○の
　　　　点が契約上の義務違反であるということでよいか。
原　　告：よい。
裁判所：若干双方の主張がかみ合っていないところがあるので，被告は，原告
　　　　の今回の書面と対比しながら，項目ごとに認否反論いただきたい。認
　　　　否は一文ごとに近いような形で行っていただきたい。
被　　告：承知した。

以　上

(2)　口頭弁論調書の閲覧謄写

　期日の内容は裁判所では口頭弁論期日調書（あるいは弁論準備手続調書）と
して記録化されます。これらの調書には期日のやり取りの詳細が記載されてい

ることは多くありませんが，争点整理の結果として当事者の発言や裁判所からの指示など，裁判所としてポイントと考えるやり取りが記録されていることもあり，これによって裁判官の訴訟進行についての考え方を知ることができ，有用なこともあります。したがって，謄写の費用はかかりますが，実質的なやり取りが行われた期日についてはなるべく閲覧謄写することが望ましいといえます。

第5章 準備書面の作成

1 準備書面作成にあたっての考え方

Q48 準備書面作成時の心構え

準備書面作成にあたっての心構えについて教えてください。

(1) 裁判官に読ませる書面であることを意識する

　準備書面の役割は，裁判官に対して依頼者の主張を説得的に伝えることにあり，それ以上でもそれ以下でもありません。準備書面は，裁判官だけではなく，相手方当事者や依頼者にも読まれるものではありますが，起案に際しては「いかにして依頼者の立場を裁判官に納得してもらえるか」という一点に集中するべきです。

　実務では，裁判官の説得よりも，むしろ相手方に対してストレスを発散することを目的としているのではないかと疑問に思うような準備書面を目にすることもあります（依頼者の要望を踏まえてのことなのかもしれませんが，多くは弁護士のキャラクターであるように見受けられます）。このような準備書面が相手方当事者から提出されると，ついこちらからも激しい文体の書面を提出したくなりがちですが，依頼者にとって有利な判決を得ることがこのような書面

に対する最大の反撃であることを忘れず，裁判官に読ませるための書面を作成することを心がける必要があります。

そして，「裁判官に読ませる」という意味では，以下の2つの視点が重要です。

(i) 論理的な書面とすること

裁判官が論理的な判決書を書かなければならない立場にある以上，論理的ではない書面が裁判官を納得させることはありません。そして，「論理的」な準備書面であるためには，「裁判官にとって論理的だと思える」ような準備書面である必要があります。特に企業法務の分野では，依頼者と日常的に議論している弁護士の立場からは，「A→C」という論理は至極当たり前に思えても，依頼者の事業領域やビジネス慣行に明るくない裁判官の立場からは，どうしてAから直接Cが導けるのかが理解できず，論理に飛躍があると判断されてしまうケースもあるように見受けられます。裁判官には失礼な言い方になるかもしれませんが，司法修習生であった頃の自分であっても理解できるような書面を書くつもりで，「A→B→C」と丁寧に論理を説明する姿勢が必要です。

(ii) 争点とストーリーの双方を意識すること

裁判官が最も関心を持っているのは，事実に関する争点です。また，同時に，当事者の主張する事案の全体的なストーリーの中に，当該争点がどのように位置づけられるか，という点も重要です。準備書面の起案者としては，ストーリーの裏付けなく争点だけを取り出して主張するだけでは不十分ですし，依頼者にとってのストーリーをただ漫然と説明するだけでもいけません。これらの作業は互いに相反する面がありますが，必ずしも一通の準備書面だけで実現する必要はなく，準備書面によって異なった役割を与えることも考えられます。

(2) 簡潔・整然・明瞭を心がける

民事訴訟規則5条は，準備書面を含めた訴訟書類一般について，「簡潔な文章で整然かつ明瞭に記載しなければならない。」と規定しています（努力義務

にはとどめられていません)。このことは，準備書面全体の構成についてはもちろん，準備書面に記載される一文一文についても同様にあてはまります。重要なことは，美しく格調高い文章を書こうとするのではなく，一文一文を短く，伝えたいことを明瞭にしつつ，「したがって」「しかし」といった接続詞を積極的に利用して，文章同士・段落同士の関係についても位置づけを明確にすることです。

準備書面であっても，起案に際して心がけるべきことは通常の法律文書の作成と同じです。法律文書の作成術についてはさまざまな書籍が出版されていますので，それらを参考にするとよいと思います。

(3) 裏付けのある書面にする

どんなに明瞭な文章であっても，証拠によって裏付けられる事実や，判例や通説に立脚した法律論を出発点にしていないのであれば，全く説得力がありません。

説得力のある準備書面とは，すなわち，証拠の裏付けのある具体的事実に即して起案されている書面，判例や通説に立脚しつつ作成されている書面です。

(4) 要件事実を意識する

読み手である裁判官は，判決を書くことを念頭に置きながら，要件事実を意識しつつ準備書面を読んでいると考えられます。したがって，書き手である弁護士も，同じ思考回路に立脚しつつ準備書面を起案するべきです。これによって，要件事実と関連の薄い些末な事情に紙幅を費やしてしまうことを避けることもできます。

(5) 読み手の便宜を配慮する

準備書面の読み手である裁判官の読解力は極めて高いレベルにありますが，だからといって読み手に対する配慮を欠いてよいことにはなりません。たとえば，適切な頻度で証拠番号の引用を括弧書きで入れておく，過度の修飾語や修辞的表現を排する，二重否定や曖昧な語尾を避ける，といった工夫は必要です。

また，準備書面は，訴状または答弁書を出発点として，連続性をもって読まれる書面です。したがって，複数の準備書面を通じて，用語の定義や体裁を一貫させる配慮が必要です。

裏付けとなる事実も証拠もないのに，文章力のみで勝訴することはありません。しかし，せっかく依頼者の主張を基礎づける事実が存在し，それを立証するための証拠も存在するにもかかわらず，文章が拙いせいで裁判官に十分に主張が伝わらないことによって敗訴してしまうことはありえます。

依頼者の主張を効果的に裁判官に伝達することこそが訴訟代理人の最も本質的な役割ですから，裁判官の個性や関心事項を慎重に見極めつつ，証拠や要件事実を踏まえ，簡潔明瞭でわかりやすい文章をひとつひとつ積み重ねて，「伝わる」準備書面を起案することを心がけましょう。

Q49 準備書面における長さ・形式

準備書面は短いほうがよいといわれますが，事件によってはどうしても長い書面が必要になる場合もあると思います。この点は，どのように考えるとよいでしょうか。

(1) 準備書面の長さ

多くの文献において，あるいは司法研修所をはじめとした法曹育成の場面において，「準備書面はできるだけ短いことが望ましく，冗長な書面は避けるべきである」と指摘されています。こうした指摘には誰しも異存のないところでしょうが，現実には，30頁以上，場合によっては50頁以上の準備書面が提出されることも，それほど珍しくはありません。

こうした現状から，特に，裁判官や，裁判官出身の弁護士からは，「無駄に長い準備書面が多すぎる。枝葉を落として，重要な事実に絞って記載すべき」，「争点を絞ったメリハリのある書面にすべき」といった指摘もよくなされます。

一般論としてはまさにそのとおりですが，実際には，そのような大胆な戦略をとることが困難なケースもあるのが現実です。よく「大規模事務所の書面が長すぎる」と指摘されますが，これは，多くの場合，取り扱っている訴訟そのものが複雑であったり，依頼者が大企業であるために大胆に論点を絞った戦略がとりにくかったりすることが影響していると思います。また，相手方が長文にわたる準備書面を提出してきた場合は，認否だけで10頁以上になってしまうことは避けられません。結局は，ケース・バイ・ケースだと言わざるを得ません。

　ただ，あえて一般論として言えば，最終準備書面を除き，準備書面が20頁を超えることは例外的だと考えておくべきでしょう。

(2)　冗長な書面を書かないために

　書面が「長い」ということと，「冗長である」ということとは意味合いが異なります。頁数としては10頁に満たなくても，冗長だと感じる書面は存在します。状況によっては数十頁に及ぶ準備書面を提出することがありうるとしても，冗長な準備書面が許される理由にはなりません。

　自分の準備書面が冗長な書面となっていないかどうかについては，以下のとおり，いくつかチェックすべきポイントが存在します。

---

(1)　同じ事実関係を何度も長々と主張していないか
　　複数の法的論点について同一の事実関係が影響する場合であっても，当該事実関係について詳しく説明するのは最初の一回にとどめ，あとは「前記第4（○頁）のとおり」等として参照できるようにしておけば十分です。ちなみに，「後記のとおり」を多用すると書面が非常に読みにくくなるので，一般的には避けるべきだと思います。

(2)　事実関係の描写が細かすぎないか
　　特に，相手方当事者が，主要事実とあまり関係のない事情（たとえば，こちら側の悪質性等を強調するための事情など）を主張してきた場合に陥りがちなパターンですが，過度の反論は不要であると考えます。細かい事実関係は，陳述書や証人尋問など，証拠のレベルで裁判所に伝えれば足りることも多いはずです。

第5章
準備書面

(3) 相手方の主張の引用・要約が長すぎないか

　　争いのある事実や法律論について準備書面で主張する際，たとえば，「被告は，本件貸付金について免除する旨の意思を原告が表示したと主張する。しかし……」というように，冒頭で相手方の主張を説明した後に反論を展開する場合があります。この際の相手方の主張の説明が非常に長い準備書面を見かけますが，書面としてのバランスが悪くなるうえ，わざわざ相手方の主張を繰り返し述べるメリットもありません。適宜簡略化したうえで，端的に「（被告第2準備書面○頁参照）」とでも記載しておけば十分です。

(4) 裁判官であれば当然に理解している学説や判例をむやみに紹介・引用していないか

　　著名な判例や，典型的な論点に関する通説に依拠した主張を展開する場合であれば，法律論をいちいち論じる必要はなく，末尾に括弧書きなどを付して判例・通説であることを示せば十分です。

(5) 図表を利用することで簡潔に説明できる個所はないか

　　文章で記載しようとすると分量が必要な場合でも，関係図や一覧表を用いることで説明が容易となる場合は多いと思います。

(6) 論点や場面ごとに，適度な項目分けがなされているか

　　あまり頻繁に項目が設けられていても逆に読みにくいので，常識的なレベルにとどめるべきだと思います。これに関連して，「はじめに」や「小括」が極めて頻繁に登場する書面もよく見かけますが，繰り返しや抽象的な文章が多くなり，冗長さを際立たせている場合があります。また，見出しの文章の長さが3行以上にわたるような準備書面を見かけることがありますが，本文の内容と重複することがほとんどですし，読みにくいと思います。

(7) 準備書面を複数に分けることを検討できないか

　　書きたい事項が多い場合，単純に準備書面を複数に分けて提出することも考えられます。実務でよく見かけるのは，技術的な事項・専門的な事項についての説明に徹した準備書面や，損害賠償請求訴訟において，責任論と損害論を分けた準備書面などがあります。

(8) 一つひとつの文章について，必要性を吟味しているか

　　一つひとつの文章に，それが記載されるべき必要性が明確となっているのが理想です。筆者は，いつもこの点を自問自答しつつ準備書面を起案するようにしています。

記載例10　準備書面

平成３０年（ワ）第１１１１号　損害賠償請求事件
原告　甲山一郎
被告　乙川次郎　外１名

原告第１準備書面

平成３０年○月○日

○○地方裁判所民事第○部○係　御中

　　　　原告訴訟代理人弁護士　　　甲　　野　　太　　郎　　㊞

第１　被告ら第１準備書面に対する認否
　１　「第１　本件機械が販売に適するものであったこと」について
　　　第１段落及び第２段落については認め，第３段落については否認する。
　　被告乙川は，本件機械の販売に際し，本件機械が未使用の新品であると訴
　　外Cに対して説明しており，海外において数年間使用されたものであると説
　　明した事実はない。
　２　「第２　本件機械の販売が共同不法行為に該当しないこと」について
　　…

第２　原告の主張
　１　被告乙川の認識について
　　　被告乙川が，本件機械には深刻な事故発生リスクが存するために販売に
　　適さないものであることを知っていたことは，以下の事実から明らかであ
　　る。
　（１）…
　（２）…

　２　本件機械の危険性について

```
    …
                                                              以　上
```

Q50　準備書面作成の事前準備

準備書面を作成するための準備はどのように進めればよいでしょうか。

⑴　スケジューリングの重要性

　多くの場合，準備書面の提出に際しては，次回期日の1週間前程度に提出期限が設定されることになります。まずは，この提出期限を必ず守ることが非常に重要です（民訴規則79条）。期日対応の問題として，準備すべき事項を具体的に思い浮かべながら，現実的に遵守可能な提出期限が設定されるよう，裁判所と協議することが求められます。

　期日終了後，多くの弁護士は依頼者に対する期日報告書を速やかに提出していると思いますが，その際，準備書面の提出期限を伝えるとともに，それまでに必要な準備事項とスケジュールについて依頼者と認識を共通にしておく必要があります。特に，期日終了直後，まだ裁判官や相手方当事者の発言等に関する記憶が新鮮なうちに準備書面の提出を含めた次回の対応について概ね決定しておくことは，訴訟の流れを損なわない効果的な主張立証に資する面があります。

⑵　準備書面の目的を明確にする

　準備書面の作成および提出に向けたスケジューリングに際しては，まず，これから提出する準備書面の目的をはっきりと特定しておくことが必要です。

　相手方から提出された準備書面に対する反論なのであれば，当該準備書面を慎重に検討したうえで反論のポイントを特定していく必要があります（認否が

必要であれば認否も行います）。また，裁判官から釈明を受けた事項があるのであれば，それに回答すべきことは当然です。依頼者にとっての事案のストーリーを説明することに主眼を置いた書面なのか，特定の争点について説得的な主張を行うべき書面なのか，訴訟の進行状況によって準備書面の目的はさまざまです。

　こうした目的を明らかにすることで，提出する準備書面の獲得目標が確定できますので，そのうえで書面の骨子や目次案を作成し，必要に応じて共同で受任している他の弁護士（通常は同じ事務所内の弁護士でしょう）と協議して内容の肉付け・ブラッシュアップをしていくことになります。

　また，準備書面に記載される事実関係等については証拠での裏付けが必要ですから，追加で提出できる証拠がないかを検討し，必要に応じて自らまたは依頼者に頼んで証拠となりそうな資料の収集を行います。

(3)　スケジューリングの方法

　上記(2)のような提出までに行うべき作業プロセスのイメージができたら，提出期限から逆算してスケジュールを作成します。たとえば，提出期限の１週間前に依頼者にドラフトを提示して意見を求める必要があるとすると，さらにその１週間前には事務所内部でドラフトを回覧する必要があり，それを実現するためにはこの日くらいまでには証拠が揃っていないと書面作成に取り掛かれないから…と考えていくと，多くの場合はあまり日程に余裕がありません。できるだけ期日終了後の早い時点で依頼者とスケジュール感を共有することが大切です。

(4)　提出期限に間に合わない場合

　裁判所によって設定された提出期限については，厳守すべきです。

　ただ，依頼者による資料収集が遅れたり，方針を巡って依頼者と弁護士との意見がスムーズに調整できなかったりした結果，どうしても提出期限までに準備書面が間に合わないという事態も考えられます。この場合，裁判所に対して

124　第5章　準備書面の作成

は提出期限までに事情を説明し，実際に提出が可能となりそうなタイミングを
伝えておくべきです。

Q51　準備書面における事実主張

事実関係の存否に争いがある場合，どのような点に留意して準備書面を
作成すればよいでしょうか。不利な事実関係はどのように取り扱えばよい
でしょうか。

(1)　事実主張に関する民事訴訟規則の定め

　民事訴訟規則によれば，準備書面において相手方の主張する事実を否認する
場合，その理由を記載する必要があるとされ（79条3項），また，事実につい
ての主張を記載する場合，できる限り主要事実についての主張と間接事実につ
いての主張とを区別して記載するとともに（同条2項），立証を要する事由ご
とに証拠を記載しなければならないとされています（同条4項）。しかしなが
ら，法令上，準備書面における事実の主張に関してはこれ以上の指針は存在せ
ず，それぞれの弁護士の創意工夫によって，自己の主張する事実関係が真実で
あることを裁判所に説得することになります。

(2)　争いのある事実関係の位置づけに留意する

　事実の存否に争いがある場合，まず，当該事実が主要事実なのか，その存否
を推認させる間接事実なのか，という点を意識することは，準備書面作成のう
えで有益であるように思われます。ある事実の存否について当事者間で争いが
顕在化したとしても，主要事実との関係で重要性のない事情であるとすると，
準備書面で自己の主張を大々的に展開し，大量の証拠を提出したとしても，訴
訟の勝敗との関係ではほとんど無意味です。逆に，争いのある事実が主要事実
や重要な間接事実であれば，準備書面においても十分な説得力を持つ程度の厚

みのある主張を展開する必要が生じます。

したがって，相手方の主張において，依頼者の主張と異なる事実が記載されていたとしても，それが訴訟における主要事実とほとんど関係のない事情であれば，あえて大々的に争う必要はありません。相手方の主張するあらゆる事実関係について準備書面で叩こうとすると，かえって焦点の定まらない，説得力に欠けた準備書面になる可能性がありますので，注意が必要です。

もっとも，相手方の主張の全体的な信頼性を減殺するという意味では，必ずしも主要事実との関連が強くない事情であっても，反論しておくという戦略もありえます。その場合，準備書面全体の流れを損なわないように，別項を設けて独立した記載とするか，「なお付言すれば…」などと頭書することによって本論から外れた主張であることを裁判所に伝えるなどの工夫が必要だと思われます。いずれにせよ，分量的なバランスを失しないよう心がけることが大切です（仮に，かなりの分量を割かなければ十分に反論できないとすれば，相手方の主張を簡単には切り捨てられないということですから，そもそもあまり説得的な反論にならないケースだと思われます）。

(3)　直接証拠から間接証拠へ

ある事実を立証しようとする際は，当該事実を直接裏付ける証拠（いわゆる直接証拠）の提出を第一に検討することになります。一番単純な例でいえば，売買契約の締結を立証したいとき，双方が署名押印した売買契約書があれば，通常は立証として足りることになります。

しかしながら，売買契約の存否が争われている事案において売買契約書が存在することはむしろ例外的だと思われます。この場合，売買契約の存在を推認させる間接事実をできるだけ多く揃えたうえで，その中から，売買契約との関係で重要性が高く，かつ，立証の容易そうな（いわゆる間接証拠の存在する）ものを取捨選択し，それらを中心に準備書面に記載していくことになります。

(4) 書証（特に同時性のある書証）の重要性

立証の容易さとの関係では，書証により裏付けられる事実を軸として主張を展開することが極めて重要です。特に，立証したい事実と同時性のある書証（契約書や当時やり取りされた手紙など）の意味は非常に大きいです。同じ書証であっても，後日になって作成された報告書等の証拠としての価値は，同時性のある書証とは比較にならないほど低くなります。

逆に，相手方から書証が提出されている場合には，その信用性が低いこと等を客観的に指摘する必要があります。

(5) 供述証拠による立証

立証したい事実を裏付ける書証が乏しい場合，供述証拠を中心に立証を試みるしかありません。しかし，専ら供述証拠のみで事実を立証することは通常は困難ですから，当該事実に過度に立脚した戦略は避けるべきことになります。

ただし，供述証拠に一定程度依存しつつ事実を立証できる場合も，全くないわけではありません。たとえば，完全に中立的で，かつ信用性の高い第三者が証言を行ってくれる場合や，供述の内容が他の動かしがたい事実と整合的であるような場合であって，相手方にも決定的な反対証拠が存在しない場合です。供述証拠に立脚して事実を立証しようとする場合，こうした特殊事情が認められるかどうかを踏まえて判断することが重要です。

(6) ストーリーから真実をあぶり出す

特定の事実を直接立証できる書証がなく，供述証拠に依拠せざるを得ない場合でも，事案のストーリーをしっかり立証することによって供述証拠の信用性を高め，当該事実を認定してもらう試みも有益です。前後の事実関係や全体の事案の流れが立証できれば，必ずしも強力な証拠の裏付けのない事実であっても，裁判所に認定してもらえることはあります。特に，相手方の主張するストーリーが合理的とは思えないときや，その一部が客観証拠に矛盾するような場合，依頼者のストーリーの全体的な合理性を立証することで，よい結果につ

なげることができると思います。

(7) 不利な事実をどう扱うか

相手方の主張する事実が真実ではない場合や，証拠の裏付けを欠く場合には対応に迷うことはありません。しかし，相手方が主張してきた事実が真実であることは争えず，かつそれが依頼者に不利に作用するものである場合には，難しい対応を迫られます。ただ，一般論としては，裁判官は（少なくとも判決起案の前までには）仔細に当事者の主張書面を読みますから，裁判官が依頼者にとって不利な事実を見過ごすとは期待できません。

不利な事実の存在を事前の事情聴取等の過程において把握できていれば，当該事実が相手方から主張されることを前提としてストーリーを組み立てるなど，事前に戦略を立てておくことができます。その意味でも，できるだけ早期の時点で不利な事実を発見し，主張された場合の対応を考えておくことが重要です。依頼者に対しては必要に応じてこうした問題意識を共有し，不利な事実も含めて早めに説明してもらえるような信頼関係の構築に努めるべきでしょう。

Q52 準備書面における事実の評価

事実の評価に争いがある場合，どのような点に留意して準備書面を作成すればよいでしょうか。準備書面の書き方によって裁判官の心証は変わるのでしょうか。

(1) 事実への法律のあてはめ

準備書面において生の事実だけが淡々と記載されていても，裁判官にとっては，当事者がそれらの事実をどのように法的に位置づけているのかが理解できない場合があります。したがって，準備書面においては，一定の事実に対し，どのように法律が適用されるべきかについての当事者の主張を明確にしておく

ことが必要です。

　しかしながら，認定された事実を法的にどのように評価し，法律効果を発生させるか（あるいは発生させないか）という判断には，裁判官としての独自の感覚が存在します。したがって，一定の事実に関する法的評価について弁護士があれこれ自分の立場から述べ立てても，通常はあまり効果がないと思われます。したがって，原則としては，準備書面の作成に際し，事実の評価に過大な分量を割くべきではないと思います。

(2)　事実の評価について積極的に主張すべき局面

　原則は上記(1)のとおりですが，当事者間において，一定の事実をどのように法的に評価すべきかについて，先鋭的な対立が生じる場面もあります。たとえば，何らかの取引について当事者間の交渉が行われ，口頭での一応の合意が成立した後に，一方当事者が取引の実行を拒否した事案において，それが契約準備段階における過失の理論による責任を発生させるのか，それとも，契約に基づく債務不履行責任を発生させるのか，当事者間で争われるようなケースが考えられます。この場合，責任を追及する側の訴訟代理人弁護士としては，既に契約が成立したことを前提に，いわゆる履行利益の損害賠償請求を求めたいところですので，具体的な事実経緯に照らして，法的に契約が成立したことを裁判所に説得すべき必要が生じます。

　このような場合には，以下のような視点から，裁判官による有利な法的評価を得られるように働きかけることが考えられます。

(i)　過去の裁判例を用いた説得

　事実関係が類似する過去の裁判例において，他の裁判所がどのような判断を行ってきたかを示し，それとのバランスを図るべきことを説明することが考えられます。

(ii) 業界における慣行等を通じた説得

　裁判官が，その有する一般常識や経験則に基づいて判断できないような事案においては，当事者の属する業界における慣行等を主張立証することによって，一定の事実についての評価を正しく行ってもらえる可能性が高まります。たとえば，上記(2)の例で，同様の取引が行われる際には書面での契約書が作成されることはなく，口頭での合意がなされればそれで具体的な取引の実現に向けてそれぞれの当事者が履行に向けて活動を始めることが当該業界において通例であれば，その点を主張立証することによって，契約が既に成立していると認めさせる可能性を高めることができます。

(iii) 法の趣旨や結論の妥当性を通じた説得

　当該取引の実情を具体的に説明することによって，口頭での一応の合意が成立した段階で契約の成立を認めなければ，当事者間のリスク分担として不合理な結果が生じ，法の趣旨が貫徹できないことを説明することが考えられます。

Q53　専門訴訟における準備書面

> 　専門性の高い分野の事件であり，裁判所はその分野について十分な知識がないように思われます。理解してもらうためにはどのような工夫をすればよいですか。

　極めて専門的・技術的な分野に関する知識が関連する訴訟の場合，裁判官が必ずしも当該分野についての知見を有しているわけではありません。この場合，当事者としては，事案の解明に必要な範囲で当該分野の知識を裁判官に説明する必要がありますが，主として，以下のような方法が考えられます。

130　第5章　準備書面の作成

(1)　専門家の作成による説明書面の提出

　当該分野の専門家に，事案に関連する専門知識について説明書面を作成してもらい，それを裁判所に証拠として提出する方法が考えられます。類似の手法として，専門書籍のコピーを証拠提出するという方法も一般的です。

(2)　専門的・技術的内容の説明に特化した準備書面の作成

　証拠としてではなく，訴訟代理人が自ら咀嚼した専門的・技術的内容を説明する準備書面を提出する方法です。より当事者の主張に即した形で，かつ，法律家である裁判官にもわかりやすいレベルで説明ができるというメリットがありますが，内容に不正確な点がないかについて事前に専門家の確認を十分に受けておくことが必要です。また，準備書面だけではなく，その裏付けとなる専門家の説明書面を同時に証拠として提出することも考えられます。

(3)　用語集の作成

　裁判官が主張・証拠を検討する際の便宜のために，関連する専門的・技術的な用語について用語集を作成して提出することが考えられます。提出の体裁としては，準備書面としてでも，証拠としてでも構わないと考えます。

(4)　参考となるウェブサイト等の紹介

　専門的・技術的事項が事案に関連するものの，必ずしも準備書面や証拠として提出するまでもないという場合には，参考となるウェブサイト等を紹介するような対応も有益だと思います。

(5)　専門委員制度・技術説明会

　なお，平成16年4月から導入された専門委員制度では，技術的事項に関する専門家である専門委員が争点整理等の訴訟手続に際し，裁判官や当事者に対して，公平・中立的なアドバイザーの立場から事件に関連する専門的技術について説明等が行われます（民訴法92条の2）。また，特許訴訟においては，弁論

準備手続期日において「技術説明会」が開催され，当事者双方から裁判所に対して技術的な事項およびそれについての主張を説明することが行われています（多くの場合，専門委員が関与します）。専門委員については，Q45においても説明があります。

Q54 最終準備書面

尋問期日が終了し，双方から最終準備書面の提出を求められました。どのような点に留意して作成すればよいでしょうか。

(1) 最終準備書面の役割

尋問期日が終了すると，多くの訴訟において，いわゆる最終準備書面の提出の機会が双方の当事者に与えられます。最終準備書面といっても，法的に特別の位置づけが与えられているわけではなく，「最後に提出する準備書面」という以上の意味はありません。しかし，口頭弁論終結直前に提出される準備書面として，内容的な特殊性はあるので，以下，簡単に説明します。

(i) 従来の主張の総括としての位置づけ

数年間にわたって争われてきたような訴訟の場合，訴訟の進行に応じて，当事者間の争点が変化していったり，その間に相手方から提出された主張や証拠等によって主張のポイントが変化していったりするケースもあります。準備書面が双方から10通以上提出される訴訟も珍しくありません。このため，訴訟の最終段階において，これまでの主張を総括し，整理された形で裁判所に提示することによって，判断してもらいたいポイントを漏れなく裁判所に伝えるという意味で，最終準備書面が提出されます。また，それまで主張することを控えていた予備的主張を提出できる最後の機会でもあります。

(ii) 尋問の結果を自らの主張に援用する機会

　最近の訴訟では，尋問期日が終わってから準備書面を提出できる機会は多くありません。尋問期日が設定される前には当事者間の主張整理は終了しているのが通常ですから，尋問の結果を自己の主張に援用して主張できる機会は，ほとんど最終準備書面に限定されていることが一般です。このように，最終準備書面は，尋問調書を具体的に引用しつつ，自己の主張が正当であることを裁判所に説得するという機能を有しています。

(2) 起案にあたっての心構え

　最終準備書面が提出される段階では，裁判官は判決の起案に着手しようとしているわけですから，当事者としては，できるだけ判決起案に際して自己の主張を多く取り入れてもらえるように最終準備書面を作成すべく意識することが重要です。

　通常の準備書面では，必ずしも要件事実に拘泥せず，事案の実態を伝える観点からさまざまな事情が記載されることもあります。しかし，最終準備書面においては，要件事実を意識した構成や内容とし，争点を強調して記載することを心がけるとよいでしょう。判決書においては争点ごとに裁判所の判断が示されますので，その際の判断材料とされるべき証拠や間接事実等を具体的に挙げ，依頼者にとって有利な証拠や事情を争点の判断材料から見落とされることのないような工夫をするべきです。

　なお，裁判所に対して当事者としての熱い気持ちを伝えるような記述も一定程度は有益かもしれませんが，企業間の訴訟においては，むしろ弁護士自身が判決を書くような冷静な気持ちで起案したほうが，よい結果につながりやすいと思います。

Q55 原告の主張に対する認否

　原告の主張に対する反論に加え，原告の主張に対する認否をどこまです
る必要がありますか。また，準備書面の記載上，反論と認否の順番はどち
らが先がよいでしょうか。

(1) 認否についての民事訴訟規則の定め

　被告から最初に提出される準備書面である答弁書については，訴状に記載さ
れた事実に対する認否を記載する必要があり（民訴規則80条1項），また，被
告の答弁により反論を要することとなった場合には，原告は答弁書に記載され
た事実に対する認否を記載した準備書面を提出しなければなりません（同規則
81条）。この認否の対象は主要事実に限らず，間接事実や補助事実についても
及びます。

　しかし，それ以降の準備書面において，相手方の事実主張に対してどこまで
認否を行わなければならないかについては，厳密なルールは存在しません（も
ちろん，被告が答弁書において認否を留保した場合には，その後に被告が提出
する準備書面において訴状に対する認否を行う必要があります）。

(2) どの段階まで認否を行うべきか

　実務的には，一定程度まで当事者間の主張の交換が進行すると，いつの間に
か認否が行われることがなくなってしまうことが多くあります。しかし，認否
が要求されている趣旨からすると，裁判官の判断の便宜のためにも，主要事実
はもちろん，ある程度重要な間接事実が提出されたような場合は，簡単に認否
をしておくと印象がよいと思われます。相手方が主張した事実を明示的に否認
しておかなかった場合，弁論の全趣旨をもとに不意打ち的に裁判所に認定され
てしまうというリスクもあります。

　なお，従来主張されていなかった事実が相手方から主張された場合には，裁

判所から明示的に認否を要求されることがあります。その場合にはそれに従って提出することになります。

(3)　認否を先に書くか，積極的な主張・反論を先に書くか

　（答弁書を含めた）準備書面において，認否を先に書いたうえで積極的な主張・反論を書くのか，あるいはその逆とすべきか，よく議論されることがあります。積極的な主張等を先に書いたほうが，裁判所に当方の主張が端的に伝わり，準備書面としての迫力が増すとの意見もあります。

　筆者個人としては，どちらを先に書くべきかはケース・バイ・ケースであり，要は「読み手である裁判所にとってどちらのほうがわかりやすいか」という点に尽きると考えています。強いていえば，以下のような点を考慮しつつ判断しています。

①　比較的争点が単純な訴訟，たとえば，請求原因事実のうちで期限の利益の喪失事由の存否だけが実質的な争点となるような訴訟においては，認否から記載しています。

②　そもそも原告が主張している事実経過が被告として認識している事実とは全体として異なっている場合など，認否を示すだけでは争点がどこにあるのか裁判所にうまく伝わらないと思われる事案については，先に被告としての積極的な事実主張を読んでもらってから認否を確認してもらうほうがよいので，認否は後ろに回しています。

③　事実関係には大きな争いがなく，法律論が主要な争点となっている事案の場合には，認否の重要性は相対的に低いことから，むしろ先に主要な争点である法律論について言及しています。

Q56 理由付否認に対する認否

　相手方の準備書面における認否の記載において，否認の理由としてのみ主張された事実に対しても認否を行うべきでしょうか。

　認否において，否認の理由がどの程度詳細に記載されているかは，訴訟代理人のスタイルや事案によって千差万別ですが，ある程度分量のある事実関係が理由として記載されている場合，それに対して認否を行うべきかどうか，判断に迷うことがあります。

　ただ，多くの場合は，同様の事実主張が相手方の積極的な主張や反論の項目においても記載されているように思います。このような場合には，あえて否認の理由として記載された事実について重ねて認否を行う必要はないでしょう。

　また，理由付否認において相手方から主張された事実は，多くの場合，当方から主張した事実とそもそも両立しない事実になっています。したがって，認否するとしても，結局は否認することがほとんどです。たとえば，こちらが現金10万円の入った封筒の授受を主張したところ，相手方がそれを否認して「封筒には絵葉書が入っていただけである」との理由を述べたとしても，こちらとしては当該事実を否認することになります。このように，理由付否認の理由部分が当方の主張とそもそも両立しない場合，わざわざ認否するまでもないと思います。

　結論としては，冗長な準備書面であるとの印象を与えることを避ける観点からも，原則として，否認の理由に対する認否はしなくてよい場合が多いでしょう。

2　主張の提出時期

Q57　主張の提出時期

> 原告の主張は事実関係も曖昧で，確たる証拠も持っていないように思われます。被告としては，なるべく原告の主張を出させてから反論をしていったほうがインパクトがあるように思います。主張を提出する順序，タイミングについてはどのように考えればよいですか。

(1)　主張の提出時期に関する一般論

　主張の提出時期については，原則として，すべての主張をなるべく早期に提出し，できるだけ早い段階から裁判所の心証をこちら側に有利にしておくべきだと考えます。

　特に，原告側の訴訟代理人は，それなりの勝算があって訴訟提起していることが多いでしょうから，多くの場合，予想される抗弁に対する再抗弁も含め，証拠を付して出し切ってしまうことがよい結果につながりやすいと思います。不用意に主張や証拠を出し惜しみすると，時機に後れた攻撃防御方法（民訴法157条）として却下の対象となりえます。現実的に却下される可能性は高くはありませんが，裁判所の印象は決してよくありません。

(2)　裁判所に対して求釈明を促す場合

　これに対し，被告側の訴訟代理人にとっては，訴状における原告の主張が曖昧な場合，主張が明確になってから認否・反論したほうが二度手間にならないというメリットはあります。また，曖昧な主張に不用意な認否や反論を行うことで，後日になって足をすくわれる抽象的なリスクも考えられます。

　したがって，原告の主張の趣旨があまりにも不明確と思われる場合は，裁判

所に対して原告に対する求釈明を促す対応も選択肢の一つとなります。このような場合は，期日において，裁判所から「被告の認否・反論は，原告の主張がもう少し特定されてからで結構です」といった訴訟指揮を受ける場合もあります。このような裁判所の意向が示されている場合には，それに素直に従っておけばよいでしょう。

　ただ，相手方当事者の主張が具体的ではないことは，通常は当方にとって有利に働くと思われます。このため，個人的には，あえて求釈明を促すのではなく，そのまま放置して当方の具体的な主張を展開してしまったほうが得策な場合が多いと思います。裁判所が特に釈明を求めようとしていない場面で，当事者が釈明を強硬に要求する場面を法廷でよく見かけますが，あまり効果がないと思います（裁判所や依頼者に対するアピールなのかもしれませんが）。

(3)　主張の提出をあえて遅らせる場合

　前記のとおり，主張の提出をあえて遅らせることは，かなり例外的であると考えておくべきです。しかし，いくつかの場面においては，たとえ裁判所の心証にマイナスとなる可能性があるとしても，戦略として検討する場合があります。

　ひとつは，相手方当事者が認識していない証拠を当方が保有している場合で，当該証拠（およびそれに基づく主張）の提出を控えている間に，相手方当事者が虚偽の事実主張を展開し始める可能性が高いと思われる場合です。相手方当事者が事実と異なる主張を提出したところで，提出を控えていた主張を証拠とともに提出し，相手方主張の虚偽性を暴くことができれば，裁判所の心証において，相手方に相応のダメージを与えることが期待できます。

　もうひとつは，次項Q58で説明する予備的主張の場合です。

　証拠の提出時期の問題については，Q67においても説明がありますので，そちらも参照してください。

第5章

準備書面

Q58　予備的主張の提出時期

予備的主張を検討していますが，早い段階から主張すると当初の主張が弱いことを認めてしまうようで躊躇します。主張のタイミングについてはどのようなことに留意すべきでしょうか。

(1)　予備的主張について

予備的主張にはさまざまなバリエーションがあるので，個別の事情に応じて主張するタイミングを吟味する必要があります。あまりに主張の時期を遅らせると，（実際の可能性は低いのですが）時機に後れた攻撃防御方法として却下の対象になるリスクもあります。

(2)　原告の立場で問題となる例

原告の立場では，たとえば，確定的な契約書が作成されていない事案において，主位的には契約上の債務不履行に基づく損害賠償請求を行い，予備的に契約準備段階の過失の理論に基づいて損害賠償請求を行うという場面が考えられます。このような局面では，初めから予備的主張を提出してしまうと，裁判官に対しても当初の契約の成否に曖昧さが残っており，原告としてもその点に自信がない印象を与えることは否めません。したがって，このような場合，できるだけ予備的主張のタイミングを遅らせるのが通常だと思います。また，このような事案では，首位的主張と予備的主張とで主張立証の対象が概ね重なっているため，後日になってから予備的主張を提出しても，被告にとって実質的な意味で不意打ちとならず，時機に後れた攻撃防御方法に該当する可能性が相対的に低いと考えられます。

(3)　被告の立場で問題となる例

被告の立場では，典型的には，損害賠償請求訴訟における責任論，損害論お

よび過失相殺といった主張に関して，どれをどこまで主張するべきかを判断する局面が考えられます。すなわち，責任論において被告の責任が認められなければ，法的には過失相殺の議論が発生する余地がないので，あえて過失相殺について当初から主張する必要はないのではないかという問題です。ただ，実務的な感覚としては，早い段階で過失相殺の主張を行ったとしても，裁判官に被告が弱気であるとの印象を与える心配はあまりしなくてよいと思います。これは，過失相殺を基礎づける事実関係が専ら原告側の落ち度に関するものであって，被告側に不利な事実を自認するニュアンスを持たないことや，責任論とも密接に関連する事実であるため，早期から主張されても違和感が薄いためではないかと考えられます。

　一方，たとえば，貸金返還請求訴訟において，金銭授受を認めつつ，主位的にはそれが贈与の趣旨であったとして返還約束を否認する一方で，弁済の抗弁を予備的に主張してしまうと，事実上，贈与の主張の説得力は著しく減殺されることになるでしょう。これは，主位的主張と予備的主張が，事実経緯のレベルで相互に矛盾する関係にあるためです。

　上記の過失相殺の例のように，法的なレベルで相互に矛盾するだけの主張であれば，予備的主張を早期に提出してもデメリットはあまりありませんが，事実のレベルで相互に矛盾する主張については，主位的主張へのマイナスが大きいので，早期の主張は避けるべきでしょう。

⑷　相殺の抗弁

　相殺の抗弁については，事実のレベルで他の主張と矛盾する主張ではありませんが，原告の請求自体を事実上認めることが前提の主張なので，さすがに弱気な印象を裁判官に与えてしまうように思います。したがって，訴訟の早期の段階で提出することには慎重であるべきでしょう。

第6章 証拠の収集

1 証拠の種類

Q59 民事訴訟における証拠方法の種類

> 民事訴訟における証拠方法の種類にはどのようなものがありますか。それぞれどのような場面で使われるものでしょうか。

(1) 証拠方法の種類

　民事訴訟法では、証拠に関して、証人尋問、当事者尋問、鑑定、書証および検証についての規定が置かれています。

(2) 人証と書証

　民事訴訟法で定められている証拠方法のうち多くの事件で基本となるのが人証である証人尋問および当事者尋問と書証です。ここでは、一般にいわれている事実認定の手法に即して人証と書証の使い方を整理してみます。
　民事訴訟における立証活動の対象は、権利関係を直接基礎づける事実である主要事実です。主要事実の存在を直接基礎づける証拠（直接証拠）がある場合には、この直接証拠が立証手段の中核となります。たとえば、契約成立の有無

が争点となる事案であれば，契約の成立を直接裏付ける契約書が立証手段の中核になります。

　主要事実を直接裏付ける証拠がない場合には，間接事実を積み上げて主要事実の推認の成立を目指します。事実認定は，「動かし難い事実」を整理したうえで，これらを有機的につなぐストーリーの合理性を検証するというプロセスで行われるといわれますが（司法研修所編『民事訴訟における事実認定』（法曹会，2007）25頁），間接事実の積み上げにより主要事実の認定を目指す場合には特にこのプロセスが重要になります。このような事実認定プロセスにおける書証と人証の役割に関しては，「動かし難い事実」を基礎づけるのが書証であり，人証は書証や当事者間に争いのない事実により認められる「動かし難い事実」を紡いでストーリーをもたらすものであるといわれます（司法研修所編・前掲25頁）。このようなプロセスにおいては，書証により認められる「動かし難い事実」の把握・整理が事実認定の中核となります。また，動かし難い事実を有機的に紡ぐ役割を担う人証の信用性の判断において動かし難い事実との整合性が重要な考慮要素とされることからしても（司法研修所編・前掲23頁），いかにして裁判所に対して書証によって動かし難い事実を提供するかが自己の主張に沿った事実認定を導くための鍵といえます。

(3)　鑑定

　鑑定とは，裁判官の判断能力を補充するために，特別の学識経験を有する第三者から，専門的知識や経験則それ自体，その知識や経験則を具体的事実に適用して得られた判断または適用される法などに関する意見を報告させる証拠調べです。鑑定の対象となる事項としては，①外国法などの裁判所が知らない法規，②経験則と経験則を具体的事実に適用して得られる事実判断が挙げられます。②の例としては，不動産の価格，不動産の相当賃料額，非上場株式の価格，建物や機械の瑕疵の認定に係る技術的事項などがあります。

⑷　検証

　検証とは，当該事件に関し，対象となる事物の性状，性質等を，裁判官が，その感覚作用（いわゆる五感）によって直接認識し，自己の判断能力をもって得た事実判断を証拠資料とする証拠調べのことです。つまり，裁判官が対象物から直接心証を得ようとする証拠調べです。検証が行われる例としては，賃貸借契約の存続を争う朽廃建物の現状，境界確定訴訟における土地の状況，労災事故における現場と機械の設置・運転状況などを実際に見分して証拠資料とする場合などが挙げられます。

　検証が行われる事件数はかなり減少しているといわれています。その理由としては，その実施に長時間を要したり（たとえば裁判所外において実施される場合には丸1日もの時間を要する場合など），検証調書の作成の負担があることなど，1事件に割くことができるリソースに限りのある裁判所にとっての負担が大きい一方で，書証の内容を工夫するなど代替的な方法による証拠調べも可能であることなどが挙げられています（門口正人編集代表『民事証拠法大系第5巻』（青林書院，2005）78頁〔吉川愼一〕）。

2　依頼者からの証拠の収集

Q60　依頼者に対する証拠提出依頼

　依頼者から弁護士に対して証拠を的確に出してもらうためには，依頼者に対してどのような頼み方をすればよいでしょうか。

⑴　受任初期段階など事案の詳細の把握が未了の段階

　受任後間もない段階など事案の詳細を把握できていない段階で依頼者に対して特定の争点や主張を前提とした事実整理を依頼すると，主張を構成するうえで真に必要な事実が漏れてしまうおそれがあります。これを避けるため，依頼

者に対しては，特定の争点や主張に関係するものに限定せず，当該事案に関係すると依頼者自身が考える事実を時系列式で整理することを依頼することが考えられます。その際に，事実整理とあわせて時系列記載の事実に関係する資料を提出してもらうと証拠の収集も効率的に進みます。

　もっとも，依頼者に対して効率的な事情聴取や証拠提供の依頼を行うという観点からは，並行して，弁護士の側でも早期にごく簡単にでも事案の概要を聴取したうえで，聴取した事案概要から考えられる訴訟物や要件事実を幅広く検討しておくことが考えられます。このようにすることで，契約上の請求なら契約書，不動産に関する事件であれば登記，地図，現況の写真，会社関係事件ならば，登記，定款，株主名簿，議事録といったように，想定される主要事実や重要な関連事実との結びつきが強いと考えられる文書の収集に漏れが生じることの防止にもつながると思います。

　いずれにしても十分な証拠が出揃う前に決め打ちをすることは禁物です。争点や主張が先にあるのではなく，事実が先にあり，事実に基づいてこそ説得的な主張を構築することができるということを肝に銘じることが重要です。そのうえで，初期段階においては，依頼者に対してはその理解や認識を一定の主張の枠に無理にはめ込まないように，弁護士自身においては，特定の主張に決め打ちをせずに幅広く仮説を立てておきたいところです。

(2)　事案内容を掘り下げる段階

　初期的な事実調査の結果事案の骨格が定まると，その次には特定の主張や争点を前提として，その内容に関連した特定の事実関係を掘り下げて調査する場面が出てくると思います。その場合にも特定の主張に依頼者をひきつけすぎることは禁物ですが，争点に関する自らの主張の趣旨，証拠および間接事実から主要事実の認定に至るまでの事実認定の構造などを依頼者と共有したうえで，「こういう事実はありませんか？」「こういう証拠はありませんか？」というように，依頼者と関係資料の探索について議論しながら進めていくことが有益なこともあります。依頼者と弁護士が主張や証拠構造について理解を共有するこ

144　第6章　証拠の収集

とによって，依頼者の側から「そういうことであれば○○という証拠があります」というように，思いがけず有利な証拠が出てくるということもあると思います。事案の骨格の定まり具合や依頼者の理解度などに応じて，依頼者と理解を共有して議論をしながら事実や証拠を探求するという作業をしてもよいと思います。

Q61　パソコンからの証拠収集

　　依頼者である会社の職員による不正行為が問題となる事案で，職員が使っていたパソコンに記録されている情報を証拠として提出したいと考えていますが，どのような点に注意が必要でしょうか。

(1)　パソコン調査の適法性

　職員が使用していたパソコンを調査する場合には当該職員のプライバシーを侵害したとして不法行為（民法709条）の成否や違法収集証拠の該当性が問題となりえます。この点については，就業規則やPC管理規程等の社内規程において使用者が職員の使用するパソコンを調査する権限を有することを定めている場合には，職員のプライバシー保護の期待は生じないとして，プライバシー侵害には当たらず，職員が使用していたパソコンの調査を適法に行うことができると解されています（菅野和夫『労働法（第11版補正版）』（弘文堂，2017）654頁）。このような社内規程がない場合であっても，事業経営上の合理的な必要性があり，調査の手段・方法が相当なものであれば，パソコンの調査は許容されると解されています（東京高判平17年3月23日労判893号42頁，菅野・前掲654頁）。職員による不正行為が疑われる事案においては，通常，当該職員の業務用パソコンを調べることの必要性や手段・方法の相当性は認められると思われますので，職員が使用していたパソコンの調査を適法に行うことができると解されます。したがって，本件のような事案であれば，通常はプライバシー

侵害による不法行為や違法収集証拠の問題は生じないと思います。

(2) 証拠提出の方法に関する留意点

　当該記録・データが作成された時期や当該パソコンに保存された時期などに当該パソコンを当該職員が使用していたことを裏付けるものとして，パソコンの使用履歴（誰に，いつからいつまで，どのパソコンが割り当てられていたか等）を記録した管理台帳を証拠として提出することが考えられます。

　また，パソコンに保存されている記録・データを証拠として提出するまでの過程においてパソコンからの抽出という作業が加わることから，証拠提出した記録・データが当該パソコンから抽出されたものかどうかが争われる場合に備えておく必要があります。たとえば，証拠としたい記録・データが当該パソコンに保存されていたものであることを裏付けるものとして，パソコン画面のキャプチャを利用するなどして，当該パソコンから証拠として提出した記録・データの抽出の過程を記録した報告書を提出することも考えられます。

　近時は，専門業者に依頼するなどしてパソコンからいったん消去されたデータ復元する場合もあります。この場合も証拠を抽出する過程を記録しておくことが必要です。たとえば，復元によって得られた記録・データが当該パソコンから抽出されたものであることを裏付けるものとして，復元過程を記録した当該専門業者による報告書を作成することも考えられます。

3　第三者からの証拠の収集

Q62　第三者からの証拠収集方法

　第三者が保有する証拠の収集方法を定めた法律上の制度にはどのようなものがありますか。

146 第6章　証拠の収集

　第三者が保有する証拠収集に使うことができる民事訴訟法上の制度としては，文書提出命令（民訴法223条），文書送付嘱託（民訴法226条），証拠保全（民訴法234条）などがあります。また，会社法関係の事件であれば，会社法に基づく各書類の閲覧謄写請求権なども第三者が保有する証拠を収集する方法の1つとして使えることがあります。

　また，そのほかの第三者が保有する証拠の収集方法としては，法律上の制度に基づいて一般に公開されている情報を取得する方法があります。たとえば，不動産登記や商業登記に関する登記事項証明書，有価証券報告書，官報公告などの法令の定めにより公開されている情報などがこれに当たります。各種の業法に基づく情報開示の制度を利用することにより証拠収集が可能になる場合もあります（たとえば，建設業法13条，宅地建物取引業法10条など）。法令の定めに基づく公開情報の取得を検討するうえでは，法令や各種の規則によりどのような情報開示・提供の制度が定められているのかを知ることが重要です。

Q63　第三者に対する情報照会

　第三者に対する情報照会の方法にはどのようなものがありますか。方法の選択や実施にあたっての留意点を教えてください。

　第三者に対して情報照会をする方法としては，①官公署等に対する調査嘱託（民訴法186条），②弁護士法に基づく弁護士会を通じた照会（弁護士法23条の2）および③関連する官公署等に対して任意の照会をする方法が挙げられます。

(1)　法令に基づく方法（①②）と任意の方法（③）の比較

　①と②については照会先に回答義務が課せられますので，法律上の制度に基づく①調査嘱託と②弁護士会照会のほうが③任意の照会よりも照会先が回答を拒否する場合が少ないということができます。また，証拠力という観点からも，

①と②は当事者や代理人が回答内容に手を加える余地がないため③よりも証拠力が高いといえます。これに対し，③任意の照会には，①調査嘱託や②弁護士会照会と比べると，要する時間や費用が少なくて済むというメリットがあります。

(2) 調査嘱託（①）と弁護士会照会（②）の比較

①調査嘱託と②弁護士会照会のいずれも照会先には回答する公的義務があることおよび回答を拒否した照会先に対する制裁がないことは同じです。ただ，筆者の経験によれば，裁判所を通じて行われる①調査嘱託のほうが照会先から回答を得られる可能性が高いように思われます。

①調査嘱託に対する回答書は，裁判所が口頭弁論において提示して当事者に意見陳述の機会を与えれば改めて証拠調べをしなくても証拠資料となります（最判昭45年3月26日民集24巻3号165頁）。回答書の内容が調査嘱託の申出をした当事者にとって不利な内容であっても裁判の基礎になることには注意が必要です。これに対し，②弁護士会照会に対する回答書については，照会を実施した当事者が別途裁判所に提出して証拠調べを求める必要があり，①調査嘱託とは異なり当然に裁判所の判断の基礎とはなりません。そのため，照会先から有利な回答が得られるかどうかが明確でない場合などには，まずは②弁護士会照会を試みることも考えられます。

(3) 照会を実施する際の留意点

①調査嘱託および②弁護士会照会による場合，要する時間やコストを考えるとそう何度も同一テーマについて照会をすることができるものではないと思います。そのため，正式に申出を行う前に照会予定先に接触したうえで，そもそも照会に対して回答してくれるのかどうか，どの照会方法によれば回答してくれるのか（その可能性が高いのか），期待する回答を得るためには照会事項はどのように記載しておけばよいか等についてあらかじめ照会先の考えを聞いたうえで照会の際に活かすことが考えられます。

③任意照会による場合には，得られた照会の結果の証拠力を高めるための工夫をすることが考えられます。たとえば，相手方による検証が可能となるように，照会者の氏名，照会の日時・場所・方法，回答者の所属・氏名，照会事項，これに対する回答内容を記録して報告書として証拠提出することが考えられます

Q64 意見書の取得

企業訴訟では，第三者である専門家による意見書を証拠として提出することがあると聞きますが，どのような場面でどのような内容の意見書を取得するのでしょうか。また，意見書の取得にあたり留意すべき点を教えてください。

(1) 意見書を証拠として提出する場面

第三者である専門家による意見書を証拠として提出する主な場面としては，第1に，外国法の解釈が争点となる事案，日本法であっても先例が乏しい法解釈上の論点が争点となる事案，裁判例・学説の見解が分かれて一致をみない法律解釈論が争点となる事案など，法律論が争点となる事案において自己の主張を補強するため，当該論点について学識を有する研究者等による意見書を提出する場合があります。

第2に，不動産価格，非上場株式の価格，機械の瑕疵など専門的な経験則や当該事案への経験則のあてはめが問題となる事案において，争点に関する自己の主張を基礎づける証拠として，不動産鑑定士，公認会計士，技術士，研究者などの専門家による意見書を提出することがあります。

(2) 意見書を取得する際の留意点

意見書の作成者が誰であるかは，意見書の信用性を左右する重要な問題です。

意見書の対象事項について十分な学識や経験を有する専門家に依頼する必要があります。対象者の選定の判断材料としては，研究者であれば当該分野に関する研究業績が挙げられます。実務家であれば，不動産鑑定士，公認会計士，技術士等の当該分野に関する公的資格，当該分野に関する実務ないし研究実績などが挙げられます。また，株価や不動産価格などの典型的な鑑定事項については，公刊物に掲載された裁判例の事件記録を裁判所で閲覧したり，類似事案についての経験を有する知人のネットワークを活用したりするなどして，当該論点について裁判所から鑑定人に選任された経験を有する専門家に依頼することも考えられます。

　事案によっては，意見書の作成を依頼する専門家の確保自体が重要になることもあります。たとえば，当該分野の専門家の数が少ない場合などです。このような場合には，相手方よりも早く当該専門家に接触・依頼することが重要となります。

　また，意見の対象が法律解釈論または株価等の専門的事項に関係する経験則のいずれであっても，これらを事実に適用して得られる判断まで意見書の対象に含める場合には，前提事実の設定のいかんが意見書の信用性を左右することがあります。意見書の信用性を増すためには，争いのない事実や書証により認められる可能性が高い事実を前提事実におくべきです。その意味では主要な事実関係に争いがある事案において解釈論や経験則を事実に適用して得られる判断を対象とする意見書を提出する場合には，事実に関する主張整理や書証の取調べの状況等をよく踏まえて提出のタイミングを決める必要があります。

Q65　意見書の依頼の進め方

　外部の第三者に対して意見書の作成を依頼する場合，依頼から意見書をもらうまでどのような手順で進めていくのでしょうか。その過程においては，どのような点に注意するべきでしょうか。

(1) 意見書の依頼から受領までの手順

　外部の専門家に意見書の作成を依頼する場合，まず事案の内容，意見の対象事項を説明したうえで，当方の主張に沿う内容の意見をもらえるかどうかを確認します。その際，当該専門家が意見の方向性について的確に判断できるようにするためには，必要に応じてそれまでに提出された主張書面や書証も示しながら，自らの主張だけでなく，相手方の主張についても説明しておくべきでしょう。意見書の信用性の確保・向上という観点からは，当該意見書の作成にあたり前提とされた情報に偏りがないことを証するため，意見書の作成にあたり前提とされた資料や情報を記録しておいて，それを意見書に綴じ込んでその一部とするということも考えられます。

(2) 弁護士の準備

　意見書は専門家本人に書いてもらうべきものではありますが，だからといって依頼をした弁護士が何もしなくてよいわけではありません。意見書が法律解釈や経験則の事実へのあてはめを対象とするものである場合には，前提事実のいかんが意見書の信用性を左右することもありますので，弁護士の側で争いがない事実および書証により認められる事実などの覆る可能性が低い事実を意見書の前提事実として抽出する作業が必要になります。意見書の対象事項に関連する文献を検討するなどして，弁護士の側でも意見書の対象論点についての理解を深める必要があります。そうすることで，意見書に基づいて説得的な主張を展開することもできるようになると思います。意見書の作成過程においては，意見書を依頼した専門家に疑問に思うことを尋ねたり，相手方からの反論を想定して議論をしたりすることも意見書の説得力を増すことにつながると思いますが，そのためには，弁護士の側でも当該論点について理解を深めておく必要があります。

(3) 意見書を依頼した専門家への報酬

　通常，意見書を依頼する専門家に対しては報酬を支払います。意見書の作成

のために一定の知見や労力を必要とする以上，これに見合った報酬を支払うことは何ら不当なことではありません。不動産鑑定士や公認会計士など業として意見書や鑑定書の作成を行う専門家については，当該専門家が通常の業務の中で用いている報酬基準等を踏まえて報酬額について協議することになるでしょう。これに対し，研究者など意見書作成を業としていない専門家については，報酬額の基準となるものがありません。知人等にも聞いて同種意見書の報酬の相場を調べるなどして，意見書作成のために要する労力等に照らして相当と考えられる金額を報酬として支払うべきです。意見書を提出すると，相手方から当該意見書に対する反論がなされることがあり，その場合には再反論の意見書の作成を依頼することもあります。依頼の趣旨の説明や報酬金額の決定にあたっては，再反論の意見書の作成が必要になる場合も念頭に置いておくべきでしょう。

4 相手方からの証拠収集

Q66 相手方からの証拠収集方法

依頼者の手許にはほとんど証拠が残っていません。相手方が所持する証拠を提出させるにはどのような方法がありますか。また，各方法の留意点を教えてください。

⑴ 文書提出命令

相手方が所持する証拠によって自己の主張する事実を証明する方法としては文書提出命令の申立てがあります。

文書提出命令には真実擬制（民訴法224条）や過料の制裁（民訴法225条）などの効果が伴うことから，提出を求める文書を確実に法廷に顕出できるというメリットがあります。

152　第6章　証拠の収集

　一方，文書提出命令の申立てによることについては時間がかかるというデメリットがあります。文書提出命令の発令に向けて審理が進む間は基本事件の審理が止まることがあります。文書提出命令の申立てに対する裁判について不服申立てがなされると，文書提出命令申立て事件が上級審に係属することになりますが，その間は基本事件の審理は通常は止まりますので，その分だけ基本事件の進行が遅くなります。

　なお，文書提出命令の申立ては，書面で行わなければなりません（民訴規則140条1項）。申立書を裁判所の事件係に提出すると民事雑事件として別事件が立件されます。文書提出命令の申立書は，証拠の申出を記載した書面であることから，申立書は相手方に直送しなければなりません（民訴規則99条2項および83条）。申立てにあたり手数料として印紙を収める必要はありません。

(2)　裁判長による釈明権の行使

　多くの事件では，文書提出命令の申立てに先立ちまたは申立てと並行して，証拠を所持する相手方に任意の提出を求めることが行われます。

　文書の提出を求める側としては，裁判長から相手方に当該証拠の提出を促す釈明権を行使してもらうよう職権発動を促すことが考えられますが，主張と証拠の提出の責任はそれを必要とする側の当事者にあるというのが原則ですので，ただ闇雲に求釈明の申立てをしてもそれが功を奏するとは限りません。当該文書の任意提出を求めることが必要かつ相当であることについて裁判所が納得する根拠を提示することが必要です。裁判所が民事訴訟法および規則に従い訴訟手続を運営する立場にあることを踏まえると，任意提出の必要性・相当性について裁判所の納得を得るためには民事訴訟法および規則に根拠を求めるべきでしょう。たとえば，文書の提出義務があること（取調べの必要性があること，文書提出の拒否事由に当たらないこと），当該証拠が「訴訟関係を明瞭にするため」に必要であること（民訴法149条1項），当該証拠は訴状や答弁書に添付されるべき重要な証拠であるから早期に提出されるべきこと（民訴規則55条2項・80条1項）などを，期日において，場合によっては書面により説得的に説

明することを試みるべきでしょう。

(3) 相手方による認否

　また，証拠ではありませんが，相手方に対して，事実関係に関する自らの主
張に対する認否を求めることが考えられます。主要事実を認める場合には自白
が成立するので証拠によって証明することは必要なくなります（民訴法179条）。
間接事実であっても，当事者間に争いがないものについては，その存在に疑い
を生じさせるような特別の事情がなければ，裁判所の判断の前提となりますの
で（司法研修所編・前掲25頁），相手方に事実の存否についての認否を求める
ことも考えられます。

第**6**章

証拠

第7章 書証の申出

1 書証申出のタイミング

Q67 書証申出のタイミング

重要な書証や有利な書証は早めに申し出たほうがよいのでしょうか，それとも相手方の主張を待ってから申し出たほうが効果的なのでしょうか。

　書証の申出の時期については，訴訟戦術の観点から後出しをするという考え方があります。これが奏功する場合もないとはいえません。
　しかしながら，民事訴訟規則において訴状や答弁書には重要な証拠を添付することが求められていることに表れているように（民訴規則55条2項および80条2項），重要な書証は早期に提出することが法の想定している原則的対応です。
　裁判官による心証形成のプロセスについては，主張の内容や重要な証拠等に照らして，ある程度，今後の見通しについて一応の仮説を立てて審理に臨んでおり，証拠調べの過程を通してその仮説を検証していくなどといわれています（土屋文昭『民事裁判過程論』（有斐閣，2015）37頁）。事件の見立てを左右しうるような重要な書証が後から提出されることは，このような段階的な心証形成プロセスの妨げになりうるので，好ましいこととは言い難いと思います。

実際に，裁判官や元裁判官から，裁判所の心証を有利に導くための訴訟戦略として証拠を後出しすることが奏功することはあまりない（門口正人『民事裁判の要領―裁判官の視点から―』（青林書院，2016）137頁〜138頁），重要な証拠が遅れて提出されたことが当該証拠の評価にあたり証拠提出者に不利益に考慮されることもある（門口正人編集代表『民事証拠法大系 第1巻』（青林書院，2006）296頁〜297頁〔谷口安史〕）という指摘がなされています。

以上のことを踏まえると，証拠の後出しにはさしたるメリットがない場合が多いと考えられますので，法の想定どおりに重要な証拠は主張の展開と合わせて早期に提出することを原則的対応と考えておくべきです（門口正人「訴訟の知恵と技術」門口正人ほか『訴訟の技能』（商事法務，2015）9頁）。

その他書証の申出のタイミングについてはQ57もご参照ください。

Q68 書証申出のタイミングを逸した場合の不利益

証拠の提出が遅くなることにより生じる不利益にはどのようなものがありますか。

(1) 時機に後れた攻撃防御方法の却下

民訴法157条の「時機に後れて提出した」とは，「適切な時期」から相当程度遅れて提出したことを意味し，争点整理手続が採られている場合には，争点整理手続の完了までは適時の提出となり，争点などの整理が完了し，争点整理手続が終了した後に，その整理の結果に反するような攻撃防御方法を提出することは，原則として「時機に後れた」攻撃防御方法の提出になると考えられます（門口正人編集代表『民事証拠法大系 第2巻』（青林書院，2004）153頁〔生野考司〕）。もっとも，従前の主張の枠組みを前提とした立証の補充といえるような証拠であれば，「時機に後れた」とされる場合は多くないと思われます。また，書証については，その取調べにそれほど時間はかかりませんので，「訴訟

の完結を遅延させる」という要件を満たさないことも少なくないと思います

　弁論準備手続が終了した後に証拠を提出する場合において相手方の求めがあるときは，弁論準備手続の終了前にこれを提出することができなかった理由を説明しなければなりません（民訴法174条および167条）。この説明は期日において口頭で行うか，書面で行うものとされています（民訴規則90条および87条）。この理由の説明は，相手方による時機に後れた攻撃防御方法の却下の要件である故意・重過失の立証資料に用いるためのものといわれています（法務省民事局参事官室編『一問一答 新民事訴訟法』（商事法務，1996）184頁～185頁）。弁論準備手続終了前に提出できなかった理由としては，たとえば，弁論準備手続終了後に存在が確認できた，尋問準備の過程において提出の必要が生じたなどと説明することが考えられます。いずれにしても，弁論準備手続終了後に証拠を提出する場合にはこの点の説明が求められることがありうることを念頭に置いて準備をしておくべきです。

(2)　裁判所の心証

　このほかに実務上見過ごせないのは，裁判所の心証の問題です。前記のとおり，本来であればもっと早期に提出されるべき重要な証拠が時機に遅れて提出された場合，提出の経緯に疑問が生じ，そのことが当該証拠の評価にあたり証拠提出者に不利益に考慮されることもあるといわれています（前掲『民事証拠法大系 第1巻』296頁～297頁〔谷口安史〕）。

2　書証申出の方法

Q69　原本と写し

　書証を提出する際に原本と写しのどちらを出すのかについてはどのように考えればよいのでしょうか。

書証の申出は，原本，正本または認証のある謄本によらなければなりません（民訴規則143条1項）。

実務では原本の提出に代えて書証の写しを提出することがありますが，このような扱いは，①相手方において原本に代えて写しを提出すること（写しにより原本に代用すること）について異議がないことおよび②原本の存在および成立について争いがないことの2つの要件が認められた場合に限り認められる例外的なものであり，常に認められるものではありません（門口正人編集代表『民事証拠法大系 第4巻』（青林書院，2003）146頁〔古閑裕二〕）。

新聞記事や文献などの類型的にみて原本の存否や成立について争いが生じる可能性が低い文書についてはこのような取扱いが認められやすいといえます。逆に，文書の成立について争いが生じやすい契約書などの文書についてこのような取扱いを安易に認めることは相当ではありませんので，相手方が契約書等について原本に代えて写しを申し出た場合には原則通り原本の申出をするよう異議を述べることを検討しておくべきです。

Q70 文書の一部の申出

多数の電子メールが繋がっているファイルの中で立証に必要なのはその一部である場合や，膨大なエクセルファイルの一部だけが立証に必要であるという場合，書証の申出はどのようにして行えばよいでしょうか。また，相手方が文書の一部のみを対象として証拠の申出を行ってきた場合の対応についてはどのようにすればよいでしょうか。

1つの文書の一部のみについて証拠の申出をすることは可能であると考えられていますので，必要と認められる範囲を特定してその部分だけを対象に証拠の申出をすることになります。たとえば，返信が積み重なった結果複数の電子メールが1つのファイルに表示されている場合にそのうちの1通の電子メール

158 第7章 書証の申出

だけを対象として証拠の申出をすることは可能です。複数のシートからなるエクセルファイルの中から1つのシートを抽出してそれだけを対象に証拠の申出をすることも可能です。

　証拠の申出にあたり提出する原本については，取調べを求める部分以外の部分にマスキングテープを貼り付けるなどして申出を行うことが考えられます。また，証拠の写し（民訴規則137条）については，申出の対象である部分のみを印刷またはコピーする，申出の対象外の部分を黒塗りにするなどの方法で作成することになります。

　申出の対象外である残りの部分は，それが申出対象の部分と不可分一体と認められるなど特段の事情のない限り，引用文書（民訴法220条1号）には当たらないと解されていますので（東京高決昭59年3月26日訟月30巻8号1412頁），黒塗りした残りの部分が当然に文書提出命令の対象になるわけではありません。ただし，実際には黒塗り部分の内容について釈明を求められた場合に説明や提示を断ることが困難な場合もあり得ますので，文書の一部を証拠とする場合には，残りの部分の内容も検討したうえで提出するかどうかやその範囲を検討するべきです。

　相手方が文書の一部のみを書証として申し出た場合には，黒塗り部分の内容について裁判長に対して釈明権を行使することを求めたり，当該文書が当方も所持しているものであれば，黒塗り部分を含む全体について自ら申出をしたりすることを検討するべきです。

Q71　写真の申出

　写真を証拠として提出する場合の留意点を教えてください。無断で撮影された写真でも証拠として使ってよいのでしょうか。また，相手方から証拠として提出された写真を検討する際に留意すべき点を教えてください。

写真を証拠として提出する場合，証拠説明書には，文書の標目，作成者（撮影者）および立証趣旨という通常の証拠説明書記載事項（民訴規則137条1項）に加えて，撮影の対象，日時および場所を記載することが必要です（民訴規則148条）。なお，写真を証拠として提出する場合，撮影の場所，対象，撮影の方向などの事実関係のいかんが重要な場合があります。そのような場合には，証拠説明書に撮影地点や方向を記した地図を添付したり，撮影者を作成者とする撮影方法に関する報告書を証拠として別途提出したりすることにより撮影に係る事実関係を明らかにしておく必要があります。

　民事訴訟においては，原則として証拠能力を制限する規定はなく，例外的に，証拠が著しく反社会的な手段を用いて，人格権侵害を伴う方法により採集されたものであるときに証拠能力が否定されると考えられています（東京高判昭52年7月15日判時867号60頁）。写真撮影が反社会的といえるほどの手段を用いて行われる場合は多くないと思われますので，無断に撮影された写真であっても証拠能力が否定される場合は多くないと思われます。ただし，無断撮影は，撮影の対象等によっては，プライバシー権，肖像権等を侵害するものとして不法行為に当たる場合もあり，これは証拠能力の有無とは別の問題です。訴訟代理人が不法行為に当たる方法により撮影された写真を訴訟で提出することについては証拠能力の有無とは別の問題として，その当否をよく考える必要があると思います。

　相手方が証拠として提出した写真については，撮影者，撮影対象，日時および場所などの証拠説明書に記載された事項が事実に反しないかを確認するとともに，撮影対象が相手方に都合よく切り取られていないか（都合のよい一部だけを撮影していないか）ということにも注意を払う必要があると思います。撮影場所が立ち入り可能な場所であれば，場合によっては，撮影場所とされる現場を直接見分して撮影方法が恣意的でないかを確認する必要もあると思います。

Q72 録音データの申出

録音データを証拠として提出する場合の留意点を教えてください。無断で録音された録音データでも証拠として使ってよいのでしょうか。また，相手方から提出された録音データを検討する際に留意すべき点を教えてください。

録音データに記録された会話の内容に関する証拠の取調べ方法には，①録音データそのものを証拠（準文書）としてこれを再生する方法により取り調べるという方法と②録音反訳書面を書証として取り調べる方法があります。なお，実務上は取調べ方法が簡易な②の方法によることが多いと思います。

①の方法による場合，録音データの複製物を裁判所と相手方に提出するとともに（民訴規則147条・137条），裁判所または相手方から求めがあれば反訳書面などの録音内容を説明した書面を提出する必要があります（民訴規則149条）。証拠説明書には，標目，作成者（録音者）および立証趣旨という通常の証拠説明書記載事項（民訴規則137条1項）に加えて，録音の対象，日時および場所を記載することが必要です（民訴規則148条）。

②の方法による場合，写しの提出や証拠説明書の記載方法は通常の書証の場合と同じです。通常の書証の提出と異なるのは，相手方がその録音データの複製物の交付を求めたときは，これを相手方に交付しなければならないとされていることです（民訴規則144条）。これは相手方の防御権を保障するための取扱いです。録音データの複製物を提出しないことに対する制裁などは定められていませんが，正当な理由なく複製物を提出しない場合には，書証として提出した反訳書面の証拠価値は低いという指摘もありますので，複製物を提出しないという対応はありえません（前掲『民事証拠法大系 第4巻』256頁〔難波孝一〕）。

①と②のいずれの方法であっても録音反訳書面を提出することは必要です。

録音内容が大部な場合には，反訳書面のうち立証趣旨と関連性のある部分にマーカーで線を引いたり，該当部分を証拠説明書で特定したりするなどして，反訳書面を検討する裁判所の負担の軽減を図るための工夫を検討するべきでしょう。

録音についても，会話の相手方に無断で録音したものについては，前記の無断撮影と同様，無断での録音が不法行為に当たるかどうかという問題と違法収集証拠として証拠能力が否定されるかどうかという問題があります。無断録音の証拠能力についてはこれを肯定した裁判例（東京高判昭52年 7 月15日判時867号60頁，東京地判昭46年 4 月26日下民集22巻 3 ＝ 4 号454頁，盛岡地判昭59年 8 月10日判時1135号98頁）と否定した裁判例（大分地判昭46年11月 8 日判時656号82頁）があります。

相手方が提出した録音については，録音対象であるやり取りの一部を都合よく切り取ったものでないか，場合によっては改ざんがなされていないかといったことを確認する必要があります。録音データの提出の経緯や内容の不自然さから録音データの内容の信用性について疑問があるとした裁判例もあり，信用性を争う場合の参考になります（大阪高判平20年 6 月13日先物取引裁判例集52号263頁，東京高判平21年 3 月27日判タ1308号283頁）。

Q73 判例・文献の提出方法

自らの主張を補強する法律文献や判例などは提出したほうがよいのでしょうか。複数ある場合には全部出したほうがよいのでしょうか。また，その場合は，証拠として出したほうがよいのでしょうか。

事実認定の基礎となる証拠とは異なり，法律解釈論については，自らの主張を裁判所に採用してもらうために同旨の裁判例や法律文献を提出することが必須ではありません。しかしながら，裁判所といえども常にあらゆる法律論に精

162　第7章　書証の申出

通しているわけではないでしょうし，あらゆる判例や文献にアクセスできるとも限りませんので，裁判所から不要といわれない限りは，自己の主張を補強する判例や文献は提出したほうがよいでしょう。

　最高裁判例を除けば，裁判例や学説で絶対的なものがあるわけではありません。その内容が説得的なものかどうかが提出するか否かの重要な基準であることはもちろんです。ただ，内容が説得的かどうかを決する絶対的な基準があるわけではなく，それを評価する人によって違うこともあり得ますので，付加的に，裁判例であれば，判決の内容だけでなく，判決を言い渡したのはどこの裁判所か（最高裁判所，高等裁判所，地方裁判所，地方裁判所であれば専門部かどうか），判決を言い渡した裁判官は誰か（氏名，修習期，人事異動歴）なども考慮要素に入れておくとよいと思います。地裁または高裁の裁判例については，上訴がなされていれば上級審における当該事件の顛末（判決か和解か，判決や和解の内容等）も確認しておくべきでしょう。上級審での顛末が公刊物に掲載されていない場合には，必要に応じて実際に事件記録を閲覧することにより確認することも考えられます。法律文献についても，内容の説得力に加えて，誰が，いつ，どういう立場（立案担当官，裁判官，学者，弁護士，企業実務家等）で書いたものなのかということも考慮要素に入れておくとよいと思います。

　裁判例や文献を提出する方法については，書証として提出する方法や単に参考書類として提出する方法などがありますが（瀬木比呂志『民事訴訟実務・制度要論』（日本評論社，2015）215頁），決まった方法があるわけではありません。提出方法について迷うようであれば事前に裁判所に確認して決めればよいと思います。いずれの方法で提出するとしても，マーカーでラインを引くなどして，裁判官が見て主張の根拠としたい部分が一目でわかるようにしておくことが望ましいと思います。また，雑誌については掲載号と頁番号が頁の隅などに書いてあることが多いので不要な場合が多いのですが，文献については，出典がわかるように本文だけでなく奥付（巻末等で書誌事項が記載されている部分）の頁も提出するべきでしょう。

Q74 外国語で作成された文書の申出

外国語で作成された文書を証拠として提出する場合，提出する訳文は原文の全部について翻訳をしなければいけないのでしょうか。相手方から訳の内容に誤りがあるといわれた場合には，どのように対処したらよいのでしょうか。

　外国語で作成された文書を提出して書証の申出をする場合には，取調べを求める部分について訳文を添付する必要があります（民訴規則138条1項）。取調べを求めるのが文書の一部である場合には，当該部分についてのみ訳文を添付すれば足ります。相手方は訳文の正確性についての意見があるときは，意見を記載した書面を提出しなければならないとされています（民訴規則138条2項）。

　これらの文書の関係については，外国語で記された文書自体が証拠であり，訳文や相手方の意見書は証拠ではなく外国語文書の添付書類と解されています（前掲『民事証拠法大系 第4巻』64頁〔古閑裕二〕）。もっとも，両者の関係をこのように解したとしても原文と訳文の両方を証拠として出すことも可能であると解されていますので（前掲『民事証拠法大系 第4巻』64頁〔古閑裕二〕），実際には，外国語による原文を「甲○号証の1」，訳文を「甲○号証の2」というように両方を証拠として提出すれば足ります。

　訳文の正確性が争われる場合，自らの訳が正確であることを基礎付ける文献や専門家の意見書等を書証として提出することが基本的な争い方であると思いますが，訳文の正確性が本案の判断に影響を与える場合には，問題の部分について，証拠調べまたは釈明処分としての鑑定を実施することもありうるとの指摘があります（前掲『民事証拠法大系 第4巻』64頁〔古閑裕二〕）。

3 証拠説明書

Q75 証拠説明書の作成のポイント

証拠説明書の作成にあたっての留意点や工夫にはどのようなものがありますか。

証拠説明書には，文書の標目，作成者および立証趣旨を記載しなければなりません（民訴規則137条1項）。証拠説明書の記載にあたっては，これらの記載項目の趣旨を理解しておくことが重要です。

(1) 文書の標目

文書の標目は文書を特定するために記載するべきものです。文書自体に「借用書」などの標題が書いてある場合にはそれを書けばよく，文書に適当な標題の記載がない場合には，文書の形状や内容に応じて「封筒」，「名刺」などの適当な名称を付したり，「…で始まる文書」というように書き出しの文言で特定することで構いません（裁判所職員総合研修所監修『民事実務講義案I（五訂版）』（司法協会，2016）130頁〜131頁）。

(2) 作成者

作成者とは，当該文書に表示されている思想内容等を保持し表明している者を意味し，物理的に当該文書を作成した者のことではありません（裁判所職員総合研修所監修・前掲131頁）。この定義によれば，文書に表示されている人が作成者であるとは限りませんので，必要に応じて文書の作成者の確認をします。

(3) 立証趣旨

立証趣旨とは，当該文書によって証明すべき事実のことです。ここでいう事実とは主要事実に限られるものではなく，間接事実であってもかまいません（前掲『民事証拠法大系 第4巻』70頁）。大切なのは当該証拠からどのような事実が認められるのかをわかりやすく書くことです。

(4) 任意的記載事項

以上のほかに，証拠説明書の法定記載事項ではありませんが，実務では，文書の作成日や原本写しの別を書くことがあります。

文書の作成日は，法定記載事項ではありませんが，実務上はこれを記載する例が多くみられます。作成日は書証や証拠説明書を用いて裁判所が時系列で事実整理をする際に有用な情報であることから，これを任意に提供するという取り組みが行われているのではないかと思います。文書に表示されている日付が当該文書が作成された日とは限りませんので，文書の作成日を記載する場合には，必要に応じて文書の所持者や作成者に実際に当該文書が作成された日を確認しましょう。

原本と写しの別は，証拠の申出にあたり原本に代えて写しを提出するという例外的な取扱いをするのかどうかを明らかにするために記載するものです。原本または写しの別は，裁判所の記録に綴られている書証目録の「標目等」の欄に記載される事項ですが（裁判所職員総合研修所監修・前掲147頁），実務では証拠説明書における原本・写しの別の記載を引用する方法により上記の記載がなされています。

同じく任意的な記載事項ということになりますが，主要事実の推認構造が複雑な事案などでは，争点と当該証拠の関連性を明らかにするため，当該証拠により認められる事実が何かに加えて，当該証拠により認められる事実が主要事実の推認に至る過程にどのように位置づけられるのかを書くことも考えられます。

Q76 分量の多い文書，わかりにくい文書についての工夫

分量の多い文書，一読しただけでは内容を理解することが容易でない文書（マイクロソフト・エクセルの計算シート，社内用語が使われている資料等）を書証として提出する場合，文書の内容を裁判所に的確に理解してもらうためには，どのような工夫をしたらよいでしょうか。

分量の多い文書については，証拠説明書で主張の基礎となる部分の頁番号や行数を記載したり，提出する写しの該当部分にマーカーを引いたりすることによって，裁判所に特に目を通してもらいたい部分を明示することがあります。なお，写しにマーカーを引く場合には，マーカー部分の作成者が訴訟代理人であることを証拠説明書の作成者欄に明示することがあります。

エクセルを用いた計算シートの計算過程，記述の省略や略語が用いられている社内文書など，文書を一読しただけでは記載されている内容の意味を理解することが困難な文書については，何の説明もなく文書をそのまま提出しても裁判所が文書に記載されている事項の意味を的確に理解できるとは限りません。そのような場合には，裁判所の理解を得るために，証拠説明書を工夫してみるとよいと思います。

実務では証拠説明書の書式として刑事訴訟の証拠等関係カードを参考にした表形式のものが利用されることが多いのですが，証拠説明に工夫をしようとするとこの様式では収まらないことがあります。そのような場合には，表形式の様式にこだわる必要はなく，適宜の様式により証拠説明書を作成すればよいと思います（【記載例11】参照）。

また，エクセルの計算シートの計算過程を証明する必要があるのであれば，エクセルシートを表示した画面のキャプチャに吹出コメントを付加した文書をシートに埋め込まれている関数の内容を説明する報告書として別途提出することなどが考えられます。また，一読して意味を理解することが容易でない社内

文書については，証拠説明書の別紙として当該文書の写しに吹出コメントを付したものを添付するとか，意味内容を説明する社内担当者の報告書を別途証拠として提出するなどして（【記載例12】参照），文書の読み方を説明することが考えられます。

　工夫の方法は色々あると思いますが，いずれにしても重要なのは，裁判所に文書のどの部分を見てほしいのか，文書の内容をどのように理解するべきなのかがきちんと伝わるようにすることです。

記載例11　　証拠説明書①

平成○年（ワ）第×××号　損害賠償請求事件
原　告　株式会社××
被　告　●●株式会社

証拠説明書

平成○年○月○日

東京地方裁判所民事第■部●係　御中

原告訴訟代理人弁護士　甲野　一郎　㊞

1　乙第1号証
　(1)　証拠の標目：予算・実績対比
　(2)　原本・写しの別：写し
　(3)　作成者：被告
　(4)　立証趣旨：
　　　　乙1号証は，「平成○年○月○日取締役会資料」と題するエクセルファイルを構成するシートの1つである「予算・実績対比」と題するシートを印刷したものである。これには平成○年○月までの累計の売上高及び営業利益等について，同年度予算における同期間の売上高及び営業利益等との比較の結果や差異が生じた要因などが記載されている。このシートの「××」の列の1段目及び3段目には，A事業部門とC事業部門の売

上が予算未達の原因となったことの原因は…の不振である旨が記載されている。これにより，平成○年○月時点では，被告内部では，…によってA事業部門とC事業部門の売上が予算に大幅に未達になる見込みが認識されていたこと等を立証する。

なお，乙1号証の各段及び各列に記載されている数値の意味は次のとおりである。

【各段の数値の意味】

段のタイトル	数値の意味
×××	・・・
△△△	・・・

【各列の数値の意味】

列のタイトル	数値の意味
×××	・・・
△△△	・・・

（以下省略）

記載例12 　証拠説明書②

証拠番号	証拠の標目	原本・写の別	作成者	立証趣旨等
乙●	××会議・説明資料	写	原告従業員	平成○年○月開催の××会議において乙●の資料を用いて…についての報告されたこと等。 なお，主な記載の意味は本証拠説明書に別紙として添付した乙●号証の写しに付した吹出コメントに記載のとおりである。

　　　　　　　　　　　　　　　　　　　　　　　平成○年○月○日

　　　　　　　　××会議・説明資料

1. ＊＊＊＊＊＊＊＊＊＊＊＊＊＊＊＊＊＊＊＊＊＊＊＊＊＊＊＊＊
＊＊＊＊＊＊＊＊＊＊＊＊＊＊＊＊＊。

2. ＊＊＊＊＊＊＊＊＊＊＊＊＊＊＊＊＊＊＊＊＊＊＊＊＊＊＊＊＊
＊＊＊＊＊＊＊＊＊＊＊＊＊＊＊＊＊。

　　　　ここの「……」という記載は，○
　　　　○について述べたものであり，そ
　　　　の趣旨は……である。

陳述書・尋問

1 陳述書

Q77 陳述書の記載事項・主尋問との役割分担

> 陳述書には何をどこまで書くべきでしょうか。陳述書と主尋問の役割分担はどのように考えるべきでしょうか。

(1) 陳述書の提出が求められる場面

　陳述書の提出が求められる場面としては，①争点の概略が明らかになった段階で早期に提出を求められる場面と②争点整理終了後人証の採否を決定する段階で提出を求められる場面があります。①の場面で陳述書が果たす機能は，主要事実以外の詳細な事実経過についても記載した準備書面と同様のものですので，このような準備書面が提出されている場合には争点整理の段階で陳述書を提出する必要性は高くありません。実務では，陳述書の提出が求められる場面の多くは②の場面ですので，以下では，この②の場面に提出する陳述書を念頭に置いて述べます。

(2) 陳述書に記載するべき事項

陳述書に何を記載するべきかについては大きく分けて次の2つの考え方があるようです（後掲参考文献①53頁）。第1は、口頭主義・直接主義の観点を強調して、陳述書の記載事項を主尋問の時間を短縮するための実質的な争点以外の形式的事項に限定し、実質的な争点に関する内容は、専ら尋問により供述者が直接裁判所に伝えるべきであるという考え方です。第2の考え方は、陳述書の主尋問代替機能だけでなく、事案解明、証拠開示、反対尋問準備の各機能に照らし、充実した集中証拠調べを実施するためには、陳述書には形式的な事項のみならず、実質的な争点に関する事項も具体的かつ詳細に記載するべきであるという考え方です。いずれの見解が正当かについてはいったんおいて、裁判所を説得するためにはどのような内容がよいかという実務的な観点から検討すると、複数の裁判官による文献において②のタイプの陳述書を期待する旨の指摘がなされていることからすれば（後掲参考文献①53頁、同②264頁、同③191頁、同④52頁）、実質的な争点に関する事項についても詳しく書く②のタイプの陳述書を作成することが基本的な対応になるでしょう。

(3) 陳述書と主尋問の役割分担

実質的な争点事項についても陳述書で触れる場合、陳述書と主尋問の内容が重複してもよいのかということが気に掛かりますが、裁判所側はこのような重複についてはあまりに気にしていないようです（後掲参考文献①53頁）。実際、主尋問において当該事実を直接体験した者しか語り得ない具体的で迫真性に富む供述をすれば、仮に同じテーマについて陳述書で言及していても、重複したという感じはしないと思います。重複しているかどうかは気にせず、陳述書と主尋問の両方において実質的争点事項に言及したうえで、主尋問では実質的争点事項について生身の人間の口でしか伝えられない内容の供述を引き出すことに注力しましょう。

また、陳述書には実質的争点事項についてどの程度詳しく書くかということも気に掛かるところです。前述の陳述書の各機能に照らすと、陳述書に詳しく

書くこと自体が問題ということはないと思います。もっとも，主尋問に対して陳述書と違う供述をすると供述の信用性に疑問符が付くおそれがあり，このような意味において主尋問の内容は陳述書の内容に拘束されるところがあります。このような点に配慮して陳述書と主尋問の役割分担を考えるとよいと思います。たとえば，面談において実際に発せられた言葉の内容が問題となっているケースであれば，陳述書では発言の趣旨を説明するにとどめて，主尋問においては実際に発せられた発言を証人の肉声で明らかにするというような役割分担が考えられます。

［参考文献］
① 東京地方裁判所プラクティス委員会第二小委員会「効果的で無駄のない尋問とは何か」判タ1340号50頁
② 大段亨「陳述書の利用　裁判所の立場から見ての問題点と改善への期待」上谷清＝加藤新太郎編『新民事訴訟法施行三年の総括と将来の展望』（西神田編集室，2002）253頁
③ 門口正人編集代表『民事証拠法大系 第3巻』（青林書院，2003）177頁～199頁〔生島弘康〕
④ 寺本昌広「陳述書の利用の現状と今後の課題」判タ1317号49頁

Q78　自己に不利な事実の記載

　陳述書では反対尋問で聞かれることが想定される自己に不利な事実についてあらかじめ弁解しておくべきでしょうか。

　相手方の主張する不利な事実について陳述書に書くかどうかについては悩ましい判断がつきまといます。

　陳述書は作成者が体験した生の事実を書くべきものですので，相手方の主張や供述に対する反論のようなものを書く必要はないと思います。

　自己に不利な事実の有無については，その点が争点となっているのであれば，

陳述書で触れていないということ自体が弁論の全趣旨として相手方の主張通りの事実関係を基礎づける根拠となるおそれも否定できません。当該人証によって不利な事実の存在を前提とした場合に自己の主張の基礎となる他の事実の存在を立証できるのであれば，陳述書では，不利な事実の存否に加えて，自己の主張の基礎となる他の事実に言及することを検討することが考えられます。当該事実関係が当該事件の実質的な争点かどうかが判断のメルクマールになると思います。

Q79　相手方の陳述書への対応

　　相手方から陳述書が出されたのですが，尋問の申出はしないとのことです。この陳述書の信用性については争うべきと考えますが，どのように対処すればよいでしょうか。

　この場合に陳述書の信用性を争う方法としては，①反対尋問を目的として当該陳述書の作成者の尋問の申出をすること，②準備書面で客観的証拠と符合していないこと等の理由から信用性が認められない旨を主張することなどが考えられます。

　反対尋問を経ていない陳述書の証拠力については，「準備書面あるいは当事者の主張と同程度」（後掲参考文献①197頁），「実質的証拠力は極めて低いと思われる」（後掲参考文献②15頁）などといわれており，一般に低いものと考えられています。そのため，供述の信用性を争うためにあえて反対尋問をする必要がないという場合もあると思います。反対尋問を目的とした証拠の申出をしなくとも，反対尋問権を放棄したことにはなりませんし，信用性を認めたことにもなりませんので，②準備書面での主張によって対応すれば足りる陳述書についてわざわざ反対尋問を目的とした証拠申出を行う必要はないと思います。

　なお，相手方が反対尋問を求めなかったり，陳述書の作成者の尋問を申請し

ない場合には，そのような相手方の訴訟態度が陳述書の信用性を検討する際に弁論の全趣旨として考慮され，尋問を経ていなくても，陳述書を事実認定のための証拠として使用することが許容されることがある旨の指摘もあります（後掲参考文献③259頁，後掲参考文献④52頁）。そのため，陳述書の信用性について争うのであれば，準備書面等で当該陳述書の信用性を争う旨を明確に表明し，場合によっては調書に記録してもらうよう裁判所に求めることも検討しておくべきでしょう。

［参考文献］
① 門口正人編集代表『民事証拠法大系 第3巻』（青林書院，2003）177頁～199頁〔生島弘康〕
② 門口正人編集代表『民事証拠法大系 第4巻』（青林書院，2003）10頁～16頁〔難波孝一〕
③ 大段亨「陳述書の利用 裁判所の立場から見ての問題点と改善への期待」上谷清＝加藤新太郎編『新民事訴訟法施行三年の総括と将来の展望』（西神田編集室，2002）253頁
④ 東京地方裁判所プラクティス委員会第二小委員会「効果的で無駄のない尋問とは何か」判タ1340号50頁

2 人証の申出

Q80 人証の申出についての検討

　裁判所から次回期日に人証についての意見を聴くといわれました。人証の申出をするかどうか，誰の尋問を申し出るか，何人申し出るか，尋問の時間，尋問の順序などについて，どのように検討すればよいでしょうか。

(1) 人証を申し出るかどうか

　そもそも人証によって立証しなければならない事実は何かを検討することが重要です。そのためにはまず，①当該事件の争点は何か，②争点について争い

のない事実と提出済みの書証により認められる事実は何かを検討し，そのうえで人証による立証が必要な事実が残っているのか，それは何かを具体的に考えることになります。

(2)　申出対象者の選択

　次に，当該事実を立証するために適任の人物は誰かを検討することになります。適任者を選ぶ基準としては，要証事実を直接体験しており，最も事実をよく語ることができる人であることが基本です。このほかの考慮要素としては，出廷を確保できる人物かどうか，記憶や供述の内容が明瞭かどうかといったことも挙げられます。なお，民訴規則114条において尋問範囲の制限について定められていることから，相手方が申出をした人証であっても，その証拠申出書に当方が立証したい事実やその関連事項が含まれていない場合には，当方からも相手方関係者の取調べを申し出ることが考えられます。

(3)　申し出る人数

　採用される人証の数は事案ごとに異なるので一般化して考えることは困難ですが，1つの目安としては尋問時間から逆算してみることが考えられます。

　まず，裁判所が1日のうちで人証の取調べに充てることができる時間は，①午前10時頃から正午までの間の約1時間30分と②午後1時30分から午後4時30分までの約3時間です。次に，事件や裁判所にもよりますが，尋問のために2期日以上の期日を設定することはあまり多くないように思います。これらを前提に考えますと，1つの事件の尋問に充てられる時間は最長でも午前枠と午後枠を合わせた4時間30分であるというのが1つの目安になると思います。

　申し出る人数や尋問の時間の検討にあたっては上記の時間枠を1つの目安として，この枠を超える人証の申出をする場合には，取調べの必要性を丁寧に論じる必要があるというような感覚で捉えておくとよいと思います。

(4) 尋問時間

　1人当たりの尋問時間については，抽象的に言えば，当該証人等によって証明したい事実の内容や当該事実を明らかにするために必要な尋問事項の分量によって決まるということになります。あくまで筆者の個人的な感覚ではありますが，前記の裁判所が尋問に充てられる時間の枠（午前1時間30分，午後3時間），原告と被告の双方が人証を申請する場合が多いこと，実務では反対尋問では主尋問と同程度の時間が取られることが多いことなどに加えて，企業関係の事件であれば書証により多くの事実が証明されている場合も多いことも考えると，人証1人当たりの尋問時間については，主尋問30分・反対尋問30分（合計60分）を基本として，必要な尋問事項の分量を踏まえてこれを増減するというように考えてみてはどうかと思います。

(5) 尋問の順序

　証人が先で本人がその後というのが原則です（民訴法207条2項本文）。しかしながら，適当と認めるときは当事者の意見を聴いて本人尋問を先行することができるという例外の定めがあり（同項ただし書），この規定に基づく裁判所の裁量はかなり広いものと考えられています（門口正人編集代表『民事証拠法大系 第3巻』（青林書院，2003）129頁〔貝阿彌誠〕）。また，複数の証人の尋問の順序については特にルールがあるわけでもありません。したがって，尋問順序についてはあまり固定的に考える必要はないように思います。大切なのは，当方の主張を支える供述の内容を裁判所が最もよく理解できる順序は何かという観点から検討することだと思います。個人的な感覚では，裁判所にとって最も関心が高いという意味での最重要の人証から尋問をすることが適当な場合が多いように思います。

Q81 証拠申出書の作成

証拠申出書の作成にあたってはどのようなことに注意するべきでしょうか。

　人証についての証拠申出書には，人証の特定に必要な対象者の氏名と住所，尋問見込み時間および証明すべき事実を記載しなければなりません（民訴規則99条1項・106条）。また，尋問の申出と同時に尋問事項書を提出することも必要です（民訴規則107条1項）。証人の指定と尋問見込み時間については前記Q80で述べましたので，ここでは証明すべき事実と尋問事項書について述べます。

　証明すべき事実については，主尋問の範囲が証拠申出書に記載された立証すべき事項およびそれに関連する事項に限定されるため（民訴規則114条），過不足なく記載しておく必要があります。実務上では尋問事項の最後に「その他上記に関連する事項」という記載をする例が多く見られますが，これは上記の尋問事項の制限を受けないようにするための工夫であるといえます。

　尋問事項については，相手方の反対尋問の準備に配慮して，個別的かつ具体的に記載しなければならないとされています（民訴規則107条2項）（最高裁判所事務総局民事局監修『条解民事訴訟規則』（司法協会，1997）236頁）。

　もっとも，現在の実務では，人証の採否以前に予定証人の陳述書が提出されることによって相手方の反対尋問の準備への配慮がなされることが多いため，改めて詳細な尋問事項書を提出する意義は乏しく，尋問事項書においては，陳述書の内容で特に尋問を予定している事項を簡潔に指摘すれば十分であるといわれています（門口正人編集代表『民事証拠法大系 第3巻』（青林書院，2003）95頁〔白石史子〕）。この指摘にもありますように，陳述書を先行して提出している人証については尋問事項書に事細かに書く必要はないと思います。

　一方で，敵性証人など何らかの理由で事前に陳述書を提出できない場合には，

尋問事項書は詳細に記載するべきであるといわれています（前掲『民事証拠法大系 第3巻』95頁〔白石史子〕）。特に，取調べの必要性について疑問を呈される可能性がある人証については，取調べの必要性を裁判所に理解してもらうという観点からも，尋問事項書を詳しく書くことを検討することが考えられます。

Q82　相手方が申し出た人証

　人証の採否を決める期日に臨むにあたっては，相手方が申し出た人証についてはどのようなことを検討しておくべきでしょうか。

　相手方の申し出た人証は，相手方の主張を基礎づける証拠として申出がなされるものですから，人証の数や相手方の主尋問の時間は少ないほど当方にとってはよいという場合が多いと思います。したがって，期日に臨むにあたっては，採用の必要性がないといえないか，尋問時間はもっと短くできないかという観点から，当該人証の取調べの必要性の有無や程度を検討しておくことが考えられます。たとえば，①相手方が申し出た人証間で尋問事項が重複しているからそのすべてを採用する必要はない，②関連事件で取調べ済みの人証であり，他事件の尋問調書で代替ができるから，当該証人を採用する必要はない，③陳述書の内容等からして当該要証事実を証明するのに適した人物ではないから採用の必要はない等の理由から，取調べの必要性がない，あるいは，必要性が認められる範囲が限定されるから相手方が申し出たほどの尋問時間の必要はないというように，証拠の採否に関する意見を期日に臨むにあたって整理しておくことが考えられます。

　相手方が申し出た人証の供述の信用性を争うのであれば，陳述書で語られている内容のどこが弾劾するべきポイントなのか，ポイントごとに弾劾の手法は反対尋問によることが適当なのか，動かし難い事実との不整合等を準備書面で

指摘すれば足りるのかなど弾劾の手法を見極める必要があります。また，相手方の申請する証人等から引き出すべき供述はないかについても検討しておくべき場合もあると思います（積極的に当方主張に有利に作用する事実を引き出すことだけでなく，事実関係に争いがないことを確認するという目的もありうると思います）。これらの検討の結果に基づいて相手方が申し出た人証に対する尋問に必要な時間を検討することになります。反対尋問の時間の目安として，多くの事件では，概ね主尋問と同程度かそれよりも若干長めの時間で行うことが可能であると思われているようであり（東京地方裁判所プラクティス委員会第二小委員会「効果的で無駄のない尋問とは何か」判タ1340号59頁），実際に実務ではこのような時間設定が行われることが多いと思います。

　人証の採否についての意見は，期日において口頭で述べることが多いと思いますが，採否の検討の対象者が多い場合や人証の採否の意見や理由が複雑になる場合には，人証の採否の意見を事前に書面で提出しておくことも考えられます。

3　自らが申請した証人等の尋問の準備

Q83　証人等との打合せ

　尋問期日までの間，当方が申請した証人等との打合せは，何をどのような順番で行っていけばよいでしょうか。

　自らが申請した証人等に対する尋問について事前に準備しておくべき事項としては，①主尋問への対応と②相手方からの反対尋問や裁判所からの補充尋問に対する対応が挙げられます。

　尋問に対しては記憶に従って真実を語るべきことは①主尋問と②反対尋問・補充尋問とで変わりはありません。①と②が違うのは尋問をする主体と聞き方

180 第8章 陳述書・尋問

です。このように考えると，準備の中心は①主尋問への対応であり，これを
しっかりと準備することが結果として②反対尋問・補充尋問への対策にもなる
と思います。②反対尋問・補充尋問に対する固有の準備は，①主尋問の準備が
ある程度進んで尋問や供述内容が固まってきてから進めればよいと思います
（当方申請証人等に対する反対尋問の準備については後記Q87を参照してくだ
さい）。

　主尋問の準備については，第1段階では下地づくりを行います。ここでは，
陳述書の読み合わせによる記憶の喚起，供述の内容に関係する当方の主張や重
要書証の趣旨についての理解の共有などをすることが考えられます。

　第2段階では尋問事項の作成を進めていきます。ここでは，まず，陳述書等
を基に弁護士の側で質問と期待する回答を起案します。そして，これを証人等
に見せないで実際に尋問をしてみます。そうすると，弁護士が当初起案した質
問では想定していた答えが出ないこと，質問の数が多すぎるため所定の尋問時
間内には終わらないことなど尋問の課題が浮き彫りになってきます。

　時間を計りながら本番と同じように尋問を行うことを何度か繰り返しながら，
決められた尋問時間内に必要十分な尋問を行うための尋問事項の取捨選択をし
ていきます。また，質問の仕方についても，尋問内容をシンプルにするよう聴
き方を工夫して時間短縮につなげたり，弁護士が期待する回答がより出やすい
質問の仕方などを検討していきます。また，個々の質問について，当該質問で
立証したい事項（立証趣旨），つまり，質問の意図について証人等と理解を共
有しておくこともよりよい供述を引き出すのに役立つことがあります。

　法廷での尋問では，横から問い掛けられた後に正面に向かって話す，一問一
答で話すなど日常会話とは異なる様式が多くあるため，証人等にとって戸惑う
ことも少なくないと思います。そのため，尋問期日が近づいてきたら，証人等
に宣誓書を読み上げてもらってから尋問を始めたり，関係者の座席を法廷のよ
うに配置して実際の位置関係に近い状態で問答をするなど，本番に近い形で尋
問をしてみるとよいと思います。

　このような段階を経て尋問事項の確定に向かっていきますが，この過程で一

番大切なのは，証人等に答えを覚えさせるのではなく，弁護士側が期待する答えが証人等から自然に出るように尋問する側の問い掛けの仕方について修正を重ねていくことであると思います。

　なお，代理人が証人や本人と尋問前にリハーサルを何度も行うと供述の信用性を疑われるのではないかと思う人もいるかもしれません。しかしながら，裁判所の側も集中証拠調べを円滑に行うため代理人が人証テストを行うことは織り込み済みであり，むしろ十分な準備をすることが望ましいと考えているようです（東京地方裁判所プラクティス委員会第二小委員会「効果的で無駄のない尋問とは何か」判タ1340号56頁）。問題なのは，証人等の記憶にないことを無理やり記憶させて尋問に備えるということですので，このようなことがないのであれば，事前準備をすること自体について特に心配は要らないと思います。

Q84　主尋問の内容

　主尋問の構成について悩んでいます。主尋問では何を，どのような順番で聴いたらいいでしょうか。また，陳述書と主尋問の役割分担はどのように考えたらよいでしょうか。

⑴　主尋問の構成

　主尋問での質問の仕方については，①時系列順に聴く方法，②争点ごとに聴く方法などがあります。当該証人等によって立証しようとする事実が裁判所に最もわかりやすく伝わる方法を選択することになります。尋問の目的を書証等により基礎づけられた動かし難い事実を紡いでストーリーを提示することに置く場合であれば，書証を交えながら時系列順に聴く方法がわかりやすく伝わる場合が多いように思います。

182　第8章　陳述書・尋問

(2)　陳述書と主尋問の役割分担

　陳述書に背景事情や証人の経歴等の形式的な事項だけでなく主要事実や重要な間接事実などの実質的な争点に関する事項も記載する場合，主尋問の内容と陳述書の内容が重複することがありますが，前記Q77で述べたように，テーマが重複することは気にせず，尋問と陳述書の特性を踏まえて裁判所に真実が伝わりやすい方法を選択すればよいでしょう。

　主尋問では，当該事実を体験した本人が肉声で語りかけますので，臨場感を持った供述が可能になります。また，尋問では尋問時間が制限されるため伝えられる事項の分量に限りがあります。そのため，主尋問では，争いのある主要事実や重要な間接事実（実質的争点事項）に絞って，証人または本人でなければ語ることができない内容を肉声で語ることを主な目的とするべきです。主尋問の導入として実質的な争点となっている事実に至る背景事情や数値等の関連する細かな事項に触れる必要がある場合には，陳述書に詳しく記載したうえで誘導しながら尋ねればよいでしょう。いずれにしても，尋問は裁判所の面前で直接語りかけることができるまたとない機会です。そのような機会を陳述書をなぞるだけの主尋問で終わらせるのはもったいないことです。証人等の肉声で伝えるべき必要性が高い事項を適切に選択して（たとえば書証による裏付けがないまたは不十分な事実関係など），主尋問と陳述書による立証をそれぞれ効果的に行いたいところです。

Q85　主尋問メモの作成方法

> 主尋問で使う尋問メモには，何をどう書けばよいのでしょうか。

(1)　立証趣旨の記載

　限られた尋問時間を最大限有効に活用するため，尋問メモでは，その質問の立証趣旨，つまり，証人等に対してこの質問をすることにより立証したい事実

は何かを具体的に記載したほうがよいと思います。そのうえで，立証したい事実ごとにそれに行き着くために必要な供述と最小限の質問を考えていくことになります。

(2)　質問部分の記載

　実際に法廷で発問するとおりの内容を記載します。弁護士は法廷での質問にあたってはメモの内容を読み上げることになります。証人等に示す書証については，証拠番号だけでなく，頁番号，行数等指し示す個所の特定に必要な事項もメモに書いておきます。期日当日に法廷で書証を開いて頁番号や行数を数えているようでは尋問時間を無駄にしてしまうからです。

(3)　答えの部分の記載

　主尋問事項には質問に対して想定される答えも書いておきます。証人の方は，法律事務所の会議室では尋問メモのとおり答えられていても，尋問当日は緊張で必要な答えが出なかったり，一部欠落したりすることもあります。その場合には必要な答えを引き出すための助け舟としての質問を追加することが必要になります。ところが，手元にある尋問メモに期待する答えが書かれていないとこのような追加の質問が必要かどうかを瞬時に判断することができないので，尋問メモには，尋問が準備したとおり進んでいるかを確認するための手掛かりとして質問に対する答えまで書いておくべきでしょう。

(4)　具体例

　以上述べた点を踏まえて作成した主尋問メモの例は次のとおりです。

記載例13　主尋問メモ

　××会議でやり取りされた内容　(注1)
　1．甲●号証，1頁，上から1行目「議事録」と書いてある部分（注2）を示

184　第8章　陳述書・尋問

します。

この文書は何の会議の議事録ですか。

→　××会議の議事録です。

2．甲●号証，5枚目，上から10行目「東地区」で始まる行を示します（注2）。これより下に続く東地区に関する文章は，誰が書いたものですか。

→　東地区担当課長のAさんです。

（Aさんの所属・役職が出てこない場合の追加質問）（注3）

問：Aさんの当時の役職は何でしたか。

答：東地区担当課長でした。

3．甲●号証，5枚目，真ん中あたりの「4．東地区における課題と今後の対応」との記載を示す。このタイトルの次に続く文章は誰が書いたものですか。

→　B部長です。

4．ここに書いてあるようなやり取りが××会議の席上で行われたのですか。

→　いいえ，行われていません。

5．今見て頂いたAさんによる記載やB部長による記載は，いつ書かれたものでしょうか。

→　××会議が始まる前に書かれたものです。

6．今見て頂いた内容が記載された××会議の議事録は，参加者の皆さんには，いつ送られていましたか。

→　会議の前にB部長から送られていました。

7．甲●号証の7頁と8頁を示す。これらの頁の記載のうち××会議の席上での実際のやり取りを踏まえて追加された記載はどれですか。

→　8頁の「B部長：×××」という記載より下に書かれた部分です。

（注1）上記の7つの質問によって立証しようとしている事項（立証趣旨）を記載します。ここでは，甲●号証の議事録の内容の一部は会議に先立ち記載されていたものであり，実際のやり取りを記録したのはその一部であることを明らかにすることによって，甲●号証の記載とあわせてこの会議で実際にやり取りされた内容を立証しようとしています。

（注2）示す書証の表示は，証拠番号，頁番号，行数等によって，指し示す部分を一義的に特定できるように記載します。

（注3）尋問のリハーサルの時に期待した答えが出づらかった質問については，あらかじめ
　　　助け船としての追加質問を用意してメモに記載しておくこともあります。

Q86　主尋問における質問の内容

主尋問で使う尋問メモを作成する際，主尋問の質問の内容についてどのような点に留意するべきでしょうか。

　質問の内容を検討する際には民事訴訟規則115条に定められた尋問の制限の規定に注意が必要です。同条に違反する質問をして相手方から異議が出た場合には準備していた質問を制限されることになるからです。なお，誘導尋問は正当な理由がある場合を除いて制限されますが（民訴規則115条2項2号），主尋問において，尋問時間を節約するために争いがない事実や争点に直接関わらない事項についての誘導尋問には正当な理由が認められると考えられていますので（前掲『民事証拠法大系　第3巻』109頁〔白石史子〕），主尋問を効率的に進めるための1つの手法として誘導尋問を適切な範囲で活用しましょう。

　質問は1つの問いに1つの答えになるようにします。期待した答えを確実に引き出すためです。たとえば，1つの出来事について，日時，場所，同席者など複数の事柄を聴くときは，「あなたは××さんとは，いつ，どこで，誰の同席のもとで会いましたか？」と聞くのではなく，「それはいつのことですか？」，「どこで会いましたか？」，「誰が同席していましたか？」というように事柄ごとに質問を小分けにします。

　また，質問は長すぎないようにする必要があります。質問が長すぎると質問を当日初めて聞く裁判所が質問の内容や意図を即座に理解できないおそれがあるからです。また，長すぎる質問をすると，法廷で緊張している証人自身が何を答えればよいのかがわからなくなってしまう可能性もあります。筆者は，1つの質問の長さについて句読点込みで40文字から60文字くらいを目安としてい

186 第8章 陳述書・尋問

ます（1行40文字で1行から1行半くらいの長さ）。答えの長さにもよりますが，筆者は1つの質問の長さをこれくらいにすると，30分の主尋問で大体100問程度質問ができるというように尋問時間を見積もっています。

Q87 反対尋問準備

当方が申請した証人に対する相手方からの反対尋問に備えた準備はどのようにすればよいでしょうか。

　まずは，証人の記憶を適切に喚起し，何を記憶していて，何を記憶していないかを明確に整理することです。そして，証人が記憶している事項については，それを的確に表現できるようにするための準備を進めることが大切です。これらの準備は，陳述書の作成や主尋問の準備を通じてかなりの部分を行うことができますので，陳述書の作成過程や主尋問の準備を充実させることが反対尋問の準備になるといってよいと思います。

　そのほかの反対尋問固有の準備としては次のようなものが挙げられます。

　当該証人が証言する事項に関連する範囲で，事件の争点，当方と相手方の主張の要点，重要な書証を確認して，攻撃防御の構造について弁護士と証人が理解を共有しておくと，不用意な不利益供述を回避することに役立ちます。

　相手方が提出した準備書面，陳述書等の書証などから，相手方の当該証人に対する反対尋問の目的，たとえば，証人が陳述書や主尋問で供述するどの部分を対象としてくるか，その部分についてどのような根拠で信用性の減殺を図ろうとしてくるか，相手方にとって有利な事実関係として何を引き出そうとしてくるか等を推測しておきます。そのうえで，代理人弁護士が相手方の代理人になったつもりで反対尋問のリハーサルを実際にやってみるとよいでしょう。

　また，弾劾証拠として当日提出されることが予想される書証についても，当該書証と証人等の関わりの有無，当該書証の存否，内容，関連する経緯につい

ての記憶の有無・内容，文書の趣旨や作成経緯等を確認しておきましょう。

　尋問での受け答えは日常会話とは異なる部分が相当あるので，そのような尋問での受け答えにあたっての留意点も弁護士から証人等に対して説明しておくべきです。尋問での受け答えにあたっての注意事項の例を以下に示します。

【反対尋問にあたっての注意事項の例】

> ①　陳述書を十分に確認し，そこに書いてあることをしっかり答える。
> ②　質問をよく聞いて，聞かれたことだけを簡潔に答える。
> ③　質問の意味がわからない時は，「ご質問の意味がわからないので，もう一度言ってください。」と聞き返してよい。想像で無理に答えない。質問が多義的なときや時点が不明確な場合も同様である（「いつの時点のことを言っているのでしょうか。」等と聞き返してよい）。
> ④　覚えていないことは，「覚えていない。」と答え，知らないことは「知らない。」と答えること。
> ⑤　日時など細かいことを思い出せない時は，「細かいことは思い出せませんが，だいたい○○だったと思います。」というように答えてよい。
> ⑥　記憶が曖昧な時は，「はっきりした記憶はありません。」というように答える。
> ⑦　資料を見なければわからない時は，「資料を見なければ，わかりません。」と答えてよい。
> ⑧　書証を示された時は，それをよく見て答えること（少し時間がかかっても構わない）。
> ⑨　間違った事柄を前提にして質問される場合がある。その時は，「○○という前提が違います。」，「それは前提が違います。」と答える。
> ⑩　同じ事柄を，聞き方を変えて何回も質問される場合がある。その時は，何回でも同じ答えを繰り返してよい。
> ⑪　挑発的な質問や失礼な質問があっても，冷静に答える。

Q88　その他の準備

尋問の内容以外にはどのような準備をしておくべきでしょうか。

第8章　陳述書・尋問

尋問を受ける証人や本人にとって，裁判所という普段行かない場所で尋問を受けることは大変な緊張が伴うことですので，弁護士は，供述内容以外のことにも配慮しておくべきでしょう。

たとえば，当日の集合時間・場所や当日の時間割など当日の流れ，印鑑等の当日の持参物，尋問メモは当日見ることができないので持参する必要がないこと，当日の服装などについて弁護士が依頼者と打ち合わせておくことが考えられます。また，尋問を受ける証人や本人と一緒に法廷傍聴をして，法廷での尋問がどのように行われているかを見てみるのもよいでしょう。

4　相手方が申請した証人等の尋問の準備

Q89　反対尋問の要否

相手方が申請した証人に対する反対尋問については，相手方の主張を固めるだけなので積極的には行わないという意見を聞いたことがあります。反対尋問をするかどうか，どの程度行うのかについて，どのように考えたらいいでしょうか。

反対尋問の要否や獲得目標は事案に即して具体的に考えるべきものであり，一般論にはあまり意味はないと思います。

これを考えるにあたっては，まず，尋問前の時点までに明らかになった争いのない事実と書証により認められる事実は何かを点検します。

点検の結果に基づくと当方に不利な事実認定が予想されるのであれば，相手方の主張を支える相手方が申請した証人等の供述の弾劾はもとより，当方に有利な事実を獲得するために反対尋問を行う必要があるという場合もあります。このような場合，反対尋問は相手方の主張を固めるだけだからやるべきではないなどと考えると，現状の不利な状況を是認することになります。

一方，現時点の証拠等で認められる事実だけでは不利な事実認定は予想されないが，これに相手方が申請した証人の供述するとおりの事実が認定されれば当方に不利な事実認定に至ることが予想されるのであれば，当該証人の供述を弾劾することによって当該供述を事実認定の基礎とすることを防ぐことが必要です。

上記のいずれでもない，つまり，相手方の供述通りの事実が認定されても当方に不利な事実認定に至る可能性が低いと判断するのであれば，反対尋問は必要ないということになります。

取調べの必要性があるとして採用された人証でありながら最後のケースに当たるという場合はまれであると思われますので，結果として，反対尋問が必要ないケースはまれではないかと思います。

以上はあくまで考え方の一例にすぎませんが，いずれにしても重要なのは，尋問の時点までに明らかになった争いのない事実と書証により認められる事実を点検したうえで反対尋問の目的（獲得目標）を具体的に検討することであると思います。

Q90 反対尋問メモの作成方法

相手方が申請した証人に対する反対尋問のための手控えメモはどのように作ったらよいでしょうか。

筆者は，基本的には反対尋問用の手控えメモでも主尋問と同じように，反対尋問で引き出したい事項（反対尋問の目的）を具体的にメモに記載して，この目的に到達するために必要な質問を考えるという手順で反対尋問の枠組みを作っていきます。

質問部分については，実際に法廷で発問する内容をそのまま記載すること，民事訴訟規則115条の質問の制限の定めに留意すること，書証を示す場合は示

190 第8章 陳述書・尋問

す場所を特定するために必要な証拠番号，頁番号，行数等も記載しておくこと，
質問は適度な長さにすることなどは基本的には反対尋問にも当てはまると思い
ます。

　また，答えの部分も書いておくことも主尋問と同じです。ただ，反対尋問に
おいては，想定される答えを１つに絞り込めない質問があることが主尋問と異
なります。このような問いについては場合分けをして，続く質問を組み立てて
いくことになりますが，場合分けがあまりに複雑になりますと実際に法廷で
メモを活用することが難しくなりますので，場合分けはシンプルなものとする
ことを心がけるべきです。

Q91　反対尋問の内容

　反対尋問で何を取り上げるか，どのように尋問するかについて，どのよ
うに考えたらよいでしょうか。

　反対尋問の目的としては，①供述の信用性の減殺と②有利な事実を引き出す
ことが考えられますが，②を目的に設定することは多くないので，ここでは①
について述べたいと思います。

　証人の供述の信用性を減殺するといっても，法廷で証人が虚偽供述を認めた
りするようなことは通常は起こりません。反対尋問の目的である弾劾が法廷で
のやり取りだけで完結することはまれであるということです。要は，裁判所が
判決を書く時点において当該証人の供述は信用性に疑問があると考えてくれれ
ばよいのですから，尋問後に提出する最終準備書面において，反対尋問の内容
だけでなく取り調べられたその他の証拠とあわせて当該供述に信用性が認めら
れないことを説得的に論じることができれば足ります。反対尋問の目的はこの
ような主張を後でするために必要な材料を引き出すことにあるといえます。

　最終準備書面における供述の弾劾の主張にあたっては，証人の供述のどの部

分が，なぜ信用性を欠くのかについて明確に述べることが重要です。

　まず，弾劾の対象ですが，供述の弾劾は，供述のすべてにわたり行う必要はありません。反対尋問による弾劾の目標は，当該証人の供述が争点となっている事実関係（当該事案における重要な事実）の認定の基礎となることを妨げることにありますので，争点との関連性のないまたは乏しい事実関係についての弾劾の必要はありません。また，反対尋問の対象とするのは供述の信用性に疑いがある部分ですので，争点との関係で重要な事実関係に関する供述の中に信用性に疑いのある部分がないかが検討の中心です。通常，当該証人が作成した陳述書が信用性に疑いのある供述を抽出する際の有力な手掛かりとなります。

　信用性を欠くことの根拠についても具体的に考えておく必要があります。

　供述は，観察（ある事象を五感で知覚し，知覚した事象を評価すること），記憶（観察した事項の記憶の保持），表現（記憶した事項を言葉で再現する）というプロセスを経て行われるといわれます（加藤新太郎編著『民事尋問技術（第4版）』（ぎょうせい，2016）5頁）。信用性の評価においては供述プロセスのどこに誤りが入り込んでいるのかを具体的に検討しておくべきです。たとえば，①証人はその場にいなかったので直接観察していないはずである（伝聞証拠である），②このような些細なことを長期にわたり記憶保持できるのか疑問である，③他の証拠と照らし合わせると供述内容には誇張が混じっているという具合です。

　また，供述プロセスに誤りがあることの根拠については，①動かし難い事実との整合性，②経験則との符合，③推測・評価の混入，④伝聞，⑤一貫性（供述の変遷や矛盾の有無）など供述の信用性を評価する際の考慮要素として一般的に挙げられている事項が基本となります（司法研修所編『民事訴訟における事実認定』（法曹会，2007）195頁～197頁）。これらの要素のうちどれが有効であるかは場合によって異なると思いますが，裁判官による文献において，①動かし難い事実との不整合と⑤陳述書等における過去の供述との矛盾・変遷の有無（供述の一貫性）が重要なポイントになる旨の指摘がなされていることは参考になります（司法研修所編・前掲195頁～196頁，東京地方裁判所プラクティ

192　第8章　陳述書・尋問

ス委員会第二小委員会「効果的で無駄のない尋問とは何か」判タ1340号59頁）。
一方，供述内容の不合理性や不自然さといった評価は人によって異なる，つま
り裁判所の評価と代理人弁護士の評価が異なることが十分にありうる事柄なの
で，これらの要素を弾劾の決め手として期待し過ぎることがないように注意が
必要であると思います。

5　その他の準備

Q92　尋問内容以外の準備事項

尋問当日に向けて尋問の内容以外にどんな準備をしておくべきですか。

(1)　裁判所との関係での準備

　尋問の記録をとる裁判所書記官や速記官にとって，尋問の中で登場する固有
名詞を正確に表記することは容易でないことがあると思います（漢字，ひらが
な，カタカナのどれで表記するのか，漢字はどの漢字で表記するのか等）。そ
のため，尋問で登場する予定の固有名詞を記載した書面を尋問当日に裁判所書
記官や速記官に渡すことが考えられます。

　また，主尋問については，尋問の際にどの書証のどの部分を示すかは決まっ
ていると思いますので，書証のうち当日尋問で示す書証だけを抜粋した綴りを
作成して，尋問当日，裁判所の了解を得て，裁判官，書記官および相手方に交
付することもあります。裁判所が示す書証を探すための時間を省いて尋問時間
を効率的に使うための工夫です。

(2)　当方が申請した証人・本人との関係での準備

　当日の待ち合わせ時間・場所，当日の時間割など当日の流れ，当日は印鑑を
持参する必要があることを前日までに確認しておくべきです。当日の服装など

についても必要に応じて証人等と打ち合わせておくのもよいでしょう。また，尋問期日が終日にわたり設定されている場合には，昼食場所をどうするか（飲食店を予約，弁護士会や事務所の会議室でお弁当を食べるなど）も事前に検討しておくとよいでしょう。

6 尋問当日

Q93 尋問に対する異議

相手方による尋問に対する異議はどのような場面で出したらいいのでしょうか。実際に異議はどうやって出したらよいのでしょうか。

(1) 異議を述べる場面

　民事訴訟規則では，申立てによりまたは職権で次の場合には尋問を制限することができると定められています（民訴規則114条2項・115条3項）。このほかに問題となるものとしては，いわゆる誤導質問があります。誤導質問とは，争われている事実を争いがないものと前提として行う質問（暴行の有無が争われているのに，暴行の存在を前提にその日時，場所等を聞く質問），多種類の回答が可能であるのに質問者が選んだ2種類のうちいずれかの選択を求める質問等，証人の証言を誤らせる可能性のある質問をいいます。誤導質問については条文には規定されていませんが，当然に許されないと解されています（谷口安平＝福永有利編『注釈民事訴訟法(6)』（有斐閣，1995）380頁〔太田幸夫〕）。

i 立証すべき事項との関連性を欠いた主尋問や主尋問に現れた事項との関連性を欠いた反対尋問など民事訴訟規則114条1項の制限に違反する尋問

ii 証人を侮辱し，または困惑させる質問

iii 誘導質問（証人に質問者の希望または期待する答えを暗示する形式の質問）

iv 既にした質問と重複する質問

> ⅴ　争点に関係のない質問
> ⅵ　意見の陳述を求める質問
> ⅶ　証人が直接経験しなかった事実についての陳述を求める質問

　上記のうちⅲからⅶの事項については，正当な理由がある場合には質問することができるとされています（民訴規則115条2項ただし書）。たとえば，誘導質問については，これが禁止されるのは証人に不当な暗示や示唆を与える危険があるからであるといわれています。主尋問における争いのない事実や争点に関わらない事実に関する質問，反対尋問における質問については，上記のような危険がないので，誘導質問をすることについて正当な理由が認められるといわれています（前掲『民事証拠法大系　第3巻』109頁〔白石史子〕）。誘導尋問が認められる場合については，刑事訴訟規則199条の3第3項（主尋問），199条の4第3項（反対尋問）および刑事訴訟規則199条の13第2項ただし書の文言や解釈も参考になります。

　訴訟代理人は，上記のとおり一定の質問を制限するために異議を述べることができますが，民事訴訟規則に抵触する可能性のある質問のすべてについて頻繁に異議を出すことは，尋問の流れを遮り，かえって，尋問時間を長引かせたり，証人を混乱させたりすることもあるため適切ではありません。一方，主尋問における核心部分についての誘導質問や争点と関係のない質問等に対しては異議を出すべきです（前掲『民事証拠法大系　第3巻』110頁〔白石史子〕）。

(2)　異議の出し方

　尋問においては次から次へと質問が続いていきますので，異議を述べるべきであると考えたときには即座に異議を述べなければなりません。その場合，まず立ち上がってはっきりと異議がある旨と異議の理由を述べます。異議の理由が即座に思い浮かぶように，尋問の前日や当日には異議事由に関する条文を再度確認しておくとよいでしょう。

Q94 弾劾証拠

> 相手方が申し出た証人の供述を弾劾するための証拠はいつ，どのように
> して出したらよいでしょうか。また，当方が申請した証人の尋問において
> 相手方から弾劾証拠が提出された場合にはどのように対応したらよいで
> しょうか。

(1) 相手方が申し出た証人の供述を弾劾するための証拠の提出時期・方法

　文書によって証人を弾劾する方法は，①反対尋問において当該文書を使用して質問する方法と②尋問では当該文書を使用しない方法（準備書面で当該文書を根拠に供述の信用性が認められない旨の主張をするなど）に分けられます。②は書証の申出一般の話ですので，ここでは①について述べます。

　尋問で使用する文書については，証人等の尋問の開始の相当期間前に提出しなければならないのが原則ですが，証人等の供述の信用性を争うための証拠（いわゆる弾劾証拠）については例外的に尋問の直前や当日に提出することが認められています（民訴規則102条）。たとえば，反対尋問の最中に「後出の甲第××号証を示す。」というように述べて反対尋問で使用する文書を提出することがあります。この方法は相手方証人に事前準備の機会を与えないものであるため，相手方の供述の問題点が浮き彫りになることもあるでしょう。しかしながら，尋問期日の直前または当日に提出することにより争点の核心に関する供述の弾劾の効果を得られる書証というのはそうそうあるものではありません。裁判所にとっては事前の検討の機会なく見せられた初見の文書ですので，その趣旨を直ちに理解し，その弾劾効果まで的確に理解することは容易なことではないと思います。弾劾証拠として尋問期日の直前または当日に証拠を提出するという相手の虚をつく方法に過度な期待はしないほうがよいでしょう。むしろ，弾劾証拠としての効果が期待できる文書が手持ち資料の中にあるのであれば，

196　第8章　陳述書・尋問

その提出の時期や方法については，当該文書の趣旨と争点との関係を準備書面で明示して尋問の前に提出する方法や尋問が終了した後に最終準備書面とともに提出する方法とあわせて，どの方法が適切であるかを検討しておくべきでしょう。

(2)　尋問当日に相手方から弾劾証拠が提出された場合の対応

　尋問当日に当方が申し出た証人の尋問に関して弾劾証拠が提出された場合には，まず，当該文書の趣旨や作成者などを確認するべきです。そのうえで，それが弾劾証拠といえないようなものであれば，民訴規則102条に違背する証拠の提出であることを述べて当該文書に関する尋問の機会を後刻または後日に設けることを求めることが考えられます。また，弁論準備手続終了前にこれを提出することができなかった理由の説明を求めること（民訴法174条および167条）や，時機に後れた攻撃防御方法の却下の申立てをすることも考えられます（民訴法157条）。

　ところで，同じ資料を当事者双方が保有していることは少なくありません。相手方から尋問当日に弾劾証拠として提出されることが想定される文書については，あらかじめ証人等と文書の趣旨などを確認しておくとよいと思います。また，初見の文書が弾劾証拠として尋問期日当日に提示された場合の対応方法についても，証人等と打合せをしておくとよいと思います。

Q95　相手方の尋問中の注意事項

　相手方の尋問がなされているときに注意しておくべきことにはどのようなものがありますか。

　当方が申請した証人・本人に対する反対尋問が行われているときには，適時に適切な異議を出せるように尋問内容に注意しておくべきです。異議の詳細に

ついては前記Q93を参照してください。

　相手方が尋問を申請した証人等に対する主尋問が行われているときには，適時に適切な異議を出せるように尋問内容に注意することに加えて，主尋問に対する答えの内容に応じて用意した反対尋問メモの内容を再検討し，必要に応じて修正します。また，時折相手方代理人が示した書証が証言台に放置されたままで次の尋問が行われることもありますが，供述内容に不当な影響が生じないとも限りませんので，撤去することを求めるべきです。

7　尋問終了後

Q96　尋問終了後の対応

　尋問が終わった後に何かやるべきことはありますか。

　裁判所から尋問調書を受領したら，記載内容が供述を正確に反映しているかどうかを確認しておくべきです。記載内容に誤りがあると判断した場合には，まずはその旨を担当書記官に伝えて確認をお願いします。場合によっては，調書の訂正を求める旨を記載した上申書を提出して調書の訂正を求めることもあります。ただし，調書の内容を決定する権限は裁判所のほうにありますので，この上申書はあくまで誤りと考える事項の指摘をするにすぎないものであり，上申書のとおりの訂正がなされるとは限りません。

198　第8章　陳述書・尋問

記載例14　尋問調書の訂正を求める上申書

平成●年（ワ）第×××号　損害賠償請求事件
原　告　○○株式会社
被　告　株式会社××

上　申　書

平成○年○月○日

東京地方裁判所民事第■部■係　御中

原告訴訟代理人弁護士　　甲　野　太　郎　㊞

　平成○年○月○日に行われた乙川次郎に対する証人尋問の調書に下表に記載のとおり誤記と思われる部分がありましたので，同表記載のとおり訂正して頂きたく上申します。

該当箇所	誤	正
７頁２１行目	●●●	●●○
１０頁３行目	△△△	△△▲

以　上

第9章 和解

Q97 和解の一般的な注意事項

裁判上の和解に対応する際の一般的な注意事項を教えてください。

(1) 裁判上の和解

裁判上の和解が成立した場合に作成される和解調書には確定判決と同様の効果があります（民訴法267条）ので，和解によって紛争を終局的に解決することが可能です。

また，判決の場合，当事者が対立した状態のまま強制的に紛争が解決されますので，敗訴した当事者に強い不満が残ることになります。これに対して，和解の場合，当事者が互いに譲歩し納得のうえで紛争を解決しますから，判決による紛争解決に比べて不満が少なく，紛争解決として優れた側面があります。

裁判官からの和解勧告を検討する際には，和解にはこのような優れた側面があることを念頭において，和解の可否を検討する必要があります。

(2) 一般的注意事項

(i) 依頼者を同行するかどうか

Q43を参照してください。

200 第9章 和解

(ii) 和解案を提示するかどうか

　いったん和解案を提示してしまうと，通常は，それを撤回してより有利な和解案を提示することができなくなってしまいます。したがって，和解案はできるだけ相手方から提示させるように求めるのが通例です。もっとも，原被告のどちらから和解案を提示するのが妥当かというのは事案によって異なります。裁判官から「この事案については，原告の方から和解案を提示してください。」と指示された場合には，和解による解決を望む限り，裁判官の指示に従って和解案を提示する必要があります。

　当事者から和解案を提示する場合，まずは，それぞれが希望的な和解条件を述べ，その後双方が譲歩していくという過程をたどります。仮に，自己にとって最低限の和解条件を述べる場合には「この条件が最低限です。これを相手方が受諾しない場合には和解手続は打ち切ってください」とあらかじめ伝えておいたほうがよいでしょう。

(iii) 裁判官からの和解勧告を拒否するかどうか

　裁判官からの和解勧告については誠実に検討してください。もちろん，和解を受諾できない場合も少なくありませんが，その場合は，和解を受諾できない理由を述べてください。実務では，和解をしない理由を依頼者のせいにする代理人（たとえば，「代理人としては説得しているのですが，本人が頑なに拒否するのです。」などと述べること）を目にすることがありますが，これは好ましくありません。

Q98 和解勧告の際に裁判官が考えていること

> 裁判官から和解勧告がなされるのはどのような場合でしょうか。また，その際に裁判官はどのようなことを考えているのでしょうか。

(1)　和解勧告がなされるのはどのような場合か

　裁判官が和解勧告をするのは，①当事者の一方から和解の申出があった場合，あるいは②裁判官が和解による解決が望ましいと考える場合のいずれかです。もっとも，和解に対する考え方は裁判官によって異なります。積極的に和解を試みる裁判官が多いという印象がありますが，そうではない裁判官もいます。

(2)　裁判官が何を考えているか

　裁判官は，和解勧告をするにあたって，①判決（結論）の見通しと②和解により解決することによる当事者の利益を考えています。

　和解勧告がなされるのは，典型的には，争点整理手続終了後あるいは尋問の終了後ですが，それより前に和解勧告がなされることも少なくありません。以下，各段階における和解勧告において，裁判官が何を考えているかについて解説します。

(i)　第1回口頭弁論期日における和解勧告

　被告が答弁書において原告の請求原因を実質的に争わず，かつ，和解を希望する旨の意向が示されている場合には，第1回口頭弁論期日において和解勧告をする場合があります。

　この場合，裁判官は，たとえば，「判決になったら原告勝訴であるが，紛争の解決のために一度は和解の機会を設けてみよう。和解が成立しなければすぐに終結して判決をしよう。」などと考えています。

　この場合の和解内容は，被告が全額の支払義務を認めたうえで分割払いの合意をするケースが多いと思います。

(ii)　早期（争点整理中）の和解勧告

　早期（争点整理中）に和解勧告がされる場合，裁判官は，「これ以上審理を続けても当事者の対立が強まるだけで真の紛争解決にはならない。」と考えている場合が多いと思います。

裁判官の心証が形成されているわけではありませんので，裁判官から和解案を提示することは困難です。当事者の一方にまず和解条件の希望を提出してもらい，それを相手方に検討してもらうという方法で和解を進めることが多いと思います。

(iii) 争点整理手続終了後の和解勧告

　裁判官は争点整理を通じて徐々に心証を形成していきます。実際には証人尋問前の時点で，相当程度の心証が形成されていることが多いように思います。この時点における裁判官の心証としては，たとえば，「原告は，契約責任と契約締結上の過失を主張しているが，契約書を作成する前提で交渉していたのに契約書作成前に決裂したのであるから契約責任は成立しない。契約締結上の過失については，確かに，提出されたメール等の証拠からすると，原告の主張が認められる可能性は高い。もっとも，メールの意味については争いがあるので，尋問を聞いてみないと確定はできない。」というような内容です。

　したがって，和解勧告をする場合，ある程度心証を踏まえた和解案が提示されることになります。たとえば，「現時点の心証だと，履行利益が認められる余地はないが，信頼利益は7：3で原告に分がある。判決になると白黒つけないといけなくなるが，それは実体にそぐわないので，スワリが悪いな。尋問は当事者双方に負担だし，この時点で原告の請求を7割認める内容で和解勧告をしてみよう。」などと考えています。

　裁判官の心証が相当程度形成されていますから，その内容と大きくはずれる和解は難しいと思いますが，尋問後の和解に比べると幅があるように思います。

(iv) 尋問後の和解勧告

　尋問後は，裁判官はほぼ確定的な心証を形成しています。したがって，通常はその心証に基づき和解勧告をします。

　尋問前の和解に比べて，裁判官の心証は確定的ですので，これと異なる和解をすることは難しいと考えてください。裁判官としては，たとえば，「原告の

請求は認められないが，控訴の負担を考えるのであれば，被告としても少額の負担で済むのであれば和解をする利益はある。」とか，「難しい判断であり，高裁が必ず維持するとは限らない。そういうことからすると，10：0の解決ではなく，7：3の解決も正当である。」などということを考えています。

Q99　和解勧告の検討

和解勧告に応ずるか否か決定するためにどのような検討を行えばよいでしょうか。依頼者にはどのような説明をすればよいでしょうか。

(1)　和解に応ずるか否かについて検討すべきこと

(i)　判決になった場合の結論の予想

提出された主張や証拠を綿密に検討するだけではなく，それまでの裁判官の言動を踏まえて判決の予測をします。

争点整理手続が終了した時点では，ほとんどの事案で判決の結論の予想をすることができるはずです。もっとも，規範的要件事実が争点の場合や先例のない法的な争点がある場合には判決の予測は非常に困難ですが，その場合でも，全く予測できない（五分五分）ということはないはずです。

勝訴の見込みが高い場合には，和解に応ずる他の理由がない限り和解に応じることは通常はありません。逆に，敗訴の見込みが高い場合には，特段の事情がない限り，和解に応ずることになります。

(ii)　上訴審における負担

控訴あるいは上告する場合には，それに伴い新たに訴訟費用（印紙代）や弁護士費用等の経済的負担を負うことになります。また，控訴審，上告審はそれぞれ数カ月から1年以上の期間を要しますので，その間の心理的負担も小さくありません。勝訴の見込みが高い場合であっても，上訴審での負担を考えて，

少し譲歩して和解をするということもよくあります。

(iii) 和解による解決がもたらす依頼者の利益

Q97で述べたとおり，和解の場合，当事者が互いに譲歩し納得のうえで紛争を解決しますから，判決による紛争解決に比べて不満が残りにくく，当事者の関係修復に資するという利益があります。

(2) 和解の判断をするために依頼者に提供すべき情報
(i) 判決になった場合の結論の予想とその理由

依頼者に判決の予想を伝える際には，結論だけではなく，なぜそのように予想するかという理由を伝えてください。具体的には，「この訴訟では，○○という事実の存否が争点だが，この証拠に対する証拠は証言しかないので，裁判官はこの事実を認めないであろう。よって，勝訴の見込みが高い。」とか，「この訴訟は，○○という法律問題が争点となっている。最高裁判所の判例は存在しないが，類似事案の下級審の裁判例を分析すると，どちらかというとこちらに有利である。勝敗の予想は難しいが，勝訴の可能性のほうが高い。」などと伝えます。

(ii) 和解で解決することによる依頼者の利益・不利益

上記で検討したすべての利益・不利益を説明すべきですが，これに加えて，訴訟を追行することに伴い自動的に発生する経済的な不利益についても説明する必要があります。

たとえば，裁判官から尋問前の和解勧告をされたのであれば，仮に，和解に応じず尋問を行った場合には，尋問の準備に相当の労力がかかること，そのため，タイムチャージの場合には依頼者の経済的負担が小さくないことを説明する必要があります。また，判決の時期との関係で遅延損害金が多額になる場合には，そのことも説明する必要があります。

Q100 和解期日の進行

和解期日はどのように進行するのでしょうか。

(1) 和解期日における和解の進め方

和解期日の進め方としては裁判官と当事者双方が同席した状態で手続を進める方式（対席方式）と原告と被告が交互に部屋に入って手続を進める方法（交互面接方式）の2通りのパターンがあります。実務では，交互面接方式のほうが多いように思います。

当事者の側から積極的に対席方式を希望するということはあまりないと思いますが，裁判官にだけ聞いて欲しい事情がある場合に交互面接方式を希望することはよくあります。その場合には，「別々に話を聞いてください。」と裁判官に依頼してください。

(2) スケジュール

和解期日は1期日30分から1時間が確保されているのが通常だと思われます。期日の終了予定時間が知りたければ，期日指定の際に，裁判官に次回期日は何時まで時間を確保しておけばよいのか確認してください。

和解期日の間隔は，2週間から1カ月程度でしょう。これより短い間隔あるいは長い間隔で期日を入れて欲しい場合は，裁判官に依頼すれば柔軟に対応してもらえます。

Q101 裁判官が誤解している場合の対応

和解勧告の内容からすると，裁判官は事案について誤解していると思われます。どのように対応すればよいでしょうか。

206　第9章　和解

　和解勧告をされた際，裁判官から事案の理解が述べられることがあります。その発言内容から裁判官に誤解があると思われる時は，率直に裁判官に意見を述べてください。たとえば，「裁判官から～という発言がありましたが，それは当事者双方が主張していないことです。」，「～の点は，甲○号証からするとそのように理解するのは難しいのではないでしょうか。」などと述べて構いません。

　また，裁判官の発言を受けて，準備書面で主張を補充することもありますが，その場合には，いきなり準備書面を提出するのではなく，準備書面の提出時期について裁判官と協議してください。和解手続をしている最中にいきなり準備書面を提出すると，相手方当事者の感情を逆なでし，それだけで和解協議が決裂する可能性があるからです。

Q102　返済資金がないという主張への対応

　被告会社は，返済資金がないことを理由に和解金の減額を要求しています。どのように対応すればよいでしょうか。

(1)　返済資金がないとの主張を受け入れるかどうか

　和解手続において被告会社から返済資金がないので減額して欲しいという主張がなされることがあります。しかし，返済資金がないことは和解金額の総額を減額することの合理的理由にはならないと思います。返済資金がないのであれば，分割払いによって返済するように要求すべきです。

　例外的に，被告会社に倒産のおそれがある場合等，減額してでも早期回収を図ったほうが得策な場合があります。この場合は，相手方が倒産状態にあることを確認しなければなりません。

　なお，会社が和解金を減額する場合には，これによって税務上の不利益が生じることがないかを会社の経理等に確認してください。

(2) 相手方の経済状態の確認方法

　相手方の経済状態を把握するためには，直近3年分の税務申告書とそれに添付した財務諸表の提出を求めてください。加えて，相手方の所有不動産の登記簿謄本を取り，担保の状況を確認してください。その際，共同担保目録があれば，それを手がかりに，相手方が所有する全物件の登記簿謄本を入手して，責任財産の状況を確認してください。

Q103　分割払いを求める相手方に対する対応

　原告が総額1000万円の支払いをすることは認めましたが，分割払いでしか支払うことはできないと主張しています。どのような検討をすればよいでしょうか。訴訟当事者ではない第三者を連帯保証人として和解に加えることはできるのでしょうか。

(1) 分割払いに関する基本的な考え方

　和解金は一括払いが原則で分割払いは例外だと考えてください。分割払いの可否を検討する場合には，現時点で支払能力がないこと（Q102を参照してください）および将来分割払いを継続できる見込みがあること（相手方に返済計画とその根拠を提出させてください）を確認してください。

　また，仮に，分割払いを認める場合であっても，1回目の支払額やボーナス時期の支払額を多くすることを求めるなどして早期の回収を目指すべきです。

　分割期間が長くなると，その分満額回収の実現可能性は低くなる傾向にあります。3年を超えるような分割払いはお勧めできません。

(2) 分割払いを担保する方法

　分割払いの場合，支払いを担保する方法として，以下の方法を検討してください。

(i) 懈怠約款

和解条項において懈怠約款を設けてください。

期限の利益喪失（残額を一括で支払う内容）を定めることは必須です。そうしないと，残額について分割払いの期限が到来するまで強制執行できないからです。

実務では，期限の利益喪失約款に加えて，損害賠償の予定を定めます。損害賠償の予定としては年10％〜14.6％の遅延損害金を定めることが多いように思います。

(ii) 連帯保証

分割払いの場合，連帯保証人をつけるように要求することも少なくありません。たとえば，会社が債務者の場合に，会社の代表者個人を連帯保証人とするよう要求します。

この場合，連帯保証人は利害関係人という立場で和解に参加することができます。

(iii) 物的担保

分割払いの場合，不動産等の資産に物的担保等をつけるように要求することもあります。

Q104 和解条項

和解条項を作成する場合，どのような点に注意すればよいのでしょうか。

(1) 和解条項に関する一般的注意事項

和解条項には，いろいろな決まり（実務上のお作法）があります。決まりと異なる方法で記載すると強制執行できないなどの不利益を被ることがあります

ので，決まりに従い慎重に作成してください。和解条項の決まりは，文献（裁判所職員総合研修所監修『書記官事務を中心とした和解条項に関する実証的研究（補訂版)』（法曹会，2010))で確認してください。

また，和解条項の内容を法曹以外の人間がきちんと理解するのは簡単ではありませんので，依頼者に対しては和解条項の意味や効果を丁寧に説明し，依頼者の希望と合致していることを確認してください。

(2) 実務上注意すべき事項

(i) 給付条項

金銭の支払いや不動産等の引渡しを合意するいわゆる給付条項については，強制執行する際の資料（債務名義）となりますので，特に慎重に記載してください。

(ii) 税金

和解文言によって税務上の取扱いが異なる場合があります。和解成立前に，税務上の取扱いを調査（場合によっては税理士に確認します）したうえで文言を決定してください。

(iii) 保全の取下げと担保の取消し同意

訴訟事件に先行して，仮差押えや仮処分命令を得ている場合には，その際に納めた担保金の返還手続をしなければなりません。そのため，和解条項において，保全の取下げと担保取消しの同意を得ておくことを忘れないようにしてください。

(iv) 清算条項

清算範囲を限定しない清算条項を締結する場合には，依頼者に他に債権債務がないか否かを確認してください。債権債務がある場合には，「〇〇を除き一切の債権債務がないことを確認する」などと記載してください。

210   第9章　和解

　また，清算の範囲を限定する場合には，できるだけその範囲を明確に規定することをお勧めします。実務では，「本件に関し」という文言を用いる場合が多いですが，これだと不十分な場合もあります。

記載例15　　**和解条項（建物賃貸借の合意解約の例）**

1　原告と被告は，別紙物件目録記載の建物（以下「本件建物」という。）に関する両者間の賃貸借契約を平成○年○月○日に合意解約したことを確認する。
2　原告は，被告に対し，本件建物の明渡しを，平成○年○月○日まで猶予する。
3　被告は，原告に対し，前項の期日限り，本件建物を明け渡す。
4　被告が第3項により本件建物を明け渡したときは，原告は，被告に対し，立退料として金100万円を支払う。
5　被告が第3項の本件建物の明渡しを遅延したときは，被告は，原告に対し，平成○年○月○日から本件建物明渡し済みまで，1日につき金○万円の賃料相当損害金を支払う。
6　被告は，第3項の本件建物明渡し後に残置した什器・備品について，その所有権を放棄し，原告が自由に処分することに異議がない。
7　原告はその余の請求を放棄する。
8　原告と被告は，本件に関し，本和解条項に定めるほか，他に何らの債権債務のないことを相互に確認する。
9　和解費用は各自の負担とする。

以上

記載例16　　**和解条項（担保取消しの例）**

1　被告は，原告に対し，本件解決金として金250万円の支払義務を負うことを認める。
2　被告は，平成○年○月○日限り，原告に対し，前項の金員を下記口座に振込む方法により支払う。
3　原告はその余の請求を放棄する。

4　原告及び利害関係人は，被告に対し，別紙物件目録記載の建物に生じた瑕疵に起因して生じた損害に関して，理由の如何を問わず，一切の損害賠償請求権を有しないことを確認する。

5　被告は，原告に対する東京地方裁判所平成○年（ヨ）第○号債権仮差押命令申立事件及び利害関係人に対する東京地方裁判所平成○年（ヨ）第○号不動産仮差押命令申立事件を取り下げる。

6　(1)原告は，被告に対し，同被告が第5項の東京地方裁判所平成○年（ヨ）第○号債権仮差押命令申立事件について供託した担保（東京法務局平○年度（金）第○号）の取消しに同意し，原告と同被告は，その取消し決定に対し抗告しない。

　(2)利害関係人は，被告に対し，同被告が第5項の東京地方裁判所平成○年（ヨ）第○号不動産仮差押命令申立事件について供託した担保（東京法務局平○年度（金）第○号）の取消しに同意し，利害関係人と同被告は，その取消し決定に対し抗告しない。

7　原告及び利害関係人と被告は，同人らの間において，本件瑕疵に関して，本条項に定めるものの他，何らの債権債務がないことを確認する。

8　訴訟費用及び和解費用は各自の負担とする。

以上

Q105　企業訴訟の和解

　企業間紛争に関して，和解の条件として複雑な内容の合意をする必要がありますが，どのように対処すればよいでしょうか。

　企業間紛争においては，複雑な和解条件を合意しなければならないことがあります。このような場合，和解手続内で一つひとつの条件について協議していたのでは，いたずらに時間が経過してしまうことにもなりかねません。そのため，複雑な条件を合意しなければならないような訴訟では，和解期日においては裁判官の関与のもと重要な部分のみを合意し，詳細な条件は期日外に当事者

間で協議をするという方法をとることがあります。

　この場合，和解調書には基本的な合意（債務名義とする必要がある合意）の
みを記載し，それとは別に裁判外で合意書を作成します。

　このような方法は，和解内容を第三者に知られたくない場合にも用いること
があります（訴訟外の合意書は訴訟記録ではありませんので閲覧できません）。

# 判決

Q106 口頭弁論終結後の主張提出

口頭弁論終結後に決定的に有利な事実が明らかになりました。どのような対応をすればよいでしょうか。また，口頭弁論終結後に相手方から準備書面が提出された場合，どのように対応すればよいでしょうか。

(1) 弁論再開の申立て

　口頭弁論が終結されると，原則として2カ月以内に判決言渡期日が指定されます（民訴法251条1項）。ただし，複雑な事件等の場合にはこれより長い期間とされることもあります。また，弁論終結後に和解勧試がなされる場合には，判決期日は「追って指定」とされ，和解期日が指定されることも見られます。ただ，いずれの場合であっても，弁論終結後に書面が陳述されたり証拠が取り調べられたりすることはありませんので，書面や証拠を提出したとしても，判決の基礎とされることはありません。

　ただし，一方の当事者が，弁論終結が予定されていた期日の直前になって新しい書面や証拠を提出してきたような場合に，裁判所が，弁論終結後に提出される他方当事者から提出される反論書面についても事実上検討したうえで判決すると発言することがあります。これは，弁論終結を延期することなく，事実上他方当事者に対して反論の機会を与えるという実務上の措置として，比較的

多く採用されています。終結直前に提出された書面が従来の主張の焼き直し的なものである場合には，口頭弁論終結後に提出される書面に全く新しい主張が提出されることはないと予想されますので，このような取扱いを認めても判決の起案に際して支障はないためです。

(2)　口頭弁論終結後に新事実が判明した場合

　本問の場合のように，口頭弁論終結後に全く新しい事実を主張し，その証拠を提出する場合には，判決において当該事実に対する判断を行ってもらう必要がありますから，裁判所に口頭弁論の再開を命じてもらわなければなりません（民訴法153条）。したがって，当事者代理人としては，裁判所に対し，弁論再開の申立てを行う必要があります。申立書では，判明した事実の重要性およびそれを裏付ける証拠を具体的に説明・添付し，裁判所に，弁論再開の必要があることを理解してもらうような工夫が必要です。

　第一審であれば，仮に弁論再開が認められなかった場合でも，改めて控訴審において主張および証拠を提出する機会が与えられます。時機に後れた攻撃防御方法であるとの主張が相手方当事者からなされることが予想されますが，新主張をこれまで主張できなかった事情が合理的なものである限り，提出が却下される可能性は低いと考えられます。

(3)　口頭弁論終結後の相手方からの主張等の提出

　実務上たまに経験することですが，口頭弁論終結後に，特に弁論再開がなされたわけでもなく，また，裁判所から書面の提出について許可があったわけでもないのに，相手方当事者から準備書面等が提出されることがあります。

　上記(1)のとおり，このようにして提出された書面は弁論において陳述されず，証拠も取り調べられることはないため，法的には無意味のはずです。しかしながら，他方で，裁判官がこうした書面等を目にすれば，判決起案にあたっての心証を事実上左右する可能性は否定できません。

　そこで，実務的な対応としては，まず，裁判所書記官に電話等で連絡を取り，

提出された書面の法的位置づけを確認したうえで，必要に応じて反論の準備書面（上申書）を提出したい旨を伝えることを検討すべきだと思われます。裁判所の対応としては，①いったん弁論再開を行うので，反論の書面をそれまでに準備しておいてほしいとの要望を示す場合，②反論書面が出てくれば事実上読んでおくとの意向を示す場合，③特に反論してもらう必要はないと指示する場合，などさまざまです。③の場合，終結後に提出された書面によって裁判所の心証が変わったわけではないことが推察されるものの，心配であれば（あるいは依頼者の要望があれば）事実上の反論書面提出を認めてほしいと裁判所に要望することは考えられます。

　弁論が再開された場合，通常の対応としては，何らかの反論書面や証拠を提出せざるを得ないと考えます。また，相手方の書面提出に対して時機に後れた攻撃防御方法であるとの主張も行うことが考えられますが，あえて裁判所が弁論を再開している以上，当該主張が認められる可能性はほぼないと考えられます。

Q107　敗訴判決に備えた対応

　第一審におけるこれまでの審理からは，原告の金銭請求が一部認められると予想しています。判決言渡日までに被告としてはどのような準備をすればよいでしょうか。

(1)　依頼者に対する説明

　一部でも敗訴の可能性があるときは，判決期日前に依頼者に対してその旨を説明し，対応を協議しておく必要があります。また，敗訴の可能性がないと考えているときでも，想定外の判決がなされる可能性はゼロではありません。したがって，いずれにしても，判決の内容に応じてどのような対応をとるかについては，依頼者と方針を相談しておくことが重要です。

216　第10章　判決

⑵　認容判決への対応

⑴　控訴するか否かについての検討

　依頼者との間では，（一部でも）敗訴した場合に控訴するか否かの方針を検討しておく必要があります。控訴期間は第一審の判決書（または判決調書）の送達を受けた日から2週間以内であり（民訴法285条），判決期日からはそれほど時間的な余裕がありません。判決よりも前に方針が決まっていれば，慌てることなく対応することができます。

⑵　仮執行宣言への対応

　被告事件において，相手方である原告から仮執行宣言が申し立てられている場合，認容判決には仮執行宣言が付されることが想定されます。したがって，判決書等の送達がなされると強制執行を受ける可能性があるため，控訴に伴ってこれを回避したい場合，通常は，いったん認容額を支払ってしまうか，強制執行停止の申立て（民訴法403条1項3号）を行うかの判断を迫られることになります。前者の場合はもちろん，後者の場合であっても担保金を支払う必要があるため，依頼者の側で資金的な準備をしておく必要があります。また，いったん認容額を支払う方針である場合は，事前に原告代理人に対してその旨を伝えておくことで，無用な強制執行申立てを回避することができます。

　なお，強制執行停止の申立てについてはQ113において説明がありますので，そちらを参照してください。

⑶　判決言渡期日への出頭

　判決言渡期日への出頭の要否についても協議しておくとよいと思います。出頭の要否に関する判断方法については，Q108を参照してください。

Q108　判決言渡期日の対応

判決言渡期日には法廷に行ったほうがよいのでしょうか。法廷に行った場合，傍聴席で言渡しを聞いてもよいのでしょうか。出席したにもかかわらず，判決文の送達を受けないという対応も可能でしょうか。

(1)　判決言渡期日

判決言渡期日への出席は必須ではありません（民訴法251条2項）。

したがって，当事者として出席することなく，傍聴席において判決を傍聴することも可能です。自分自身は別の予定がある場合で，一刻も早く結果を知りたいときは，同僚弁護士や経験のある事務局員等に傍聴してもらうこともあります。また，判決が言い渡され，担当書記官が法廷から書記官室に戻ってきた後であれば，電話で判決主文の内容を教えてもらうことも可能です。

そして，下記(2)および(3)のように，状況によっては当事者としての出席を見合わせたほうがよい場合もありえます。

(2)　控訴期間との関係

一つは，控訴期間との関係の考慮です。控訴状の提出は，第一審の判決書（調書判決の場合は期日調書）の送達を受けた日から2週間の不変期間内に行う必要があるとされているため（民訴法285条），仮に判決において敗訴していた場合には，判決書の交付送達を受けないようにすることがあります。

判決言渡しの際に当事者席に座ったからといって交付送達を受けなければならないわけではありませんが，このような背景もあって，判決言渡期日に法廷に赴いた場合でも，傍聴席において判決の言渡しを聞くことが比較的多いように思われます。

(3) 執行停止申立ての準備期間の確保

　もう一つは，同じく敗訴判決において，判決主文に仮執行宣言が付されている場合には，判決書等の送達を受けると相手方から強制執行を受けてしまう可能性が生じます。そこで，強制執行停止決定の申立てを行う時間的猶予を確保するために，あえて判決書の交付送達を受けないようにしておく対応が考えられます。

　もっとも，仮執行宣言に基づいて強制執行を受ける可能性は，依頼者の資力・属性や相手方当事者（さらには相手方の訴訟代理人）との関係等に応じてさまざまです。実務的には，判決期日の前に，仮に認容判決が出た場合の任意の履行の段取りについて代理人間で事前協議を行ってしまい，無用な強制執行停止決定の申立てを回避するということも行われています。

上訴・その他

1 控訴

Q109 控訴審の審理の特徴

> 控訴審の審理は第一審の審理とは実態としてどのような違いがあるのでしょうか。

(1) 控訴審の審理の対象

　控訴とは，第一審判決に不服がある場合に，第一審判決の取消し，変更を求める訴訟上の申立て（第一審判決に対する不服申立て）です。したがって，控訴審における審判の対象は第一審判決に対する不服の当否です。もっとも，第一審判決に対する不服の当否を判断するために，審理の対象とするのは，第一審での裁判資料に加えて控訴審口頭弁論での追加的資料であり，控訴審は，これらのすべての資料に基づいて審理をやり直すことになります。その結果，判断を異にする第一審判決についてはこれを取り消し，第一審判決（主文）を是正することになります。

　このように，不服対象となる第一審判決の審理手続での当事者の主張と立証を引き継ぎ，さらに主張と立証を追加し，第一審での弁論と不服審での弁論と

220 第11章 上訴・その他

を一体のものとして，そこで得られた裁判資料に基づき訴え（請求）の当否を判断し直す制度を「続審制」と呼びます。

(2) 控訴審の審理の実態

控訴審は，第一審での裁判資料に加えて控訴審口頭弁論での追加的資料に基づき，審理をやり直すものですので，控訴審において第一審判決を変更させるためには，第一審における主張立証を見直し，新たな主張立証方法を検討する必要があります。

もっとも審理をやり直すといっても，控訴審の審理の実態としては，第一審判決の内容やその審理に明らかな問題がないと判断される場合には，第一審判決後の新たな主張や証拠によって判決の前提となっている事実関係が覆るなどの事情がない限り，早期に審理を終結して（第1回の口頭弁論期日をもって審理を終結する，いわゆる1回結審が大半），第一審判決維持の判決（すなわち，控訴棄却の判決）となることが多いといえます。

控訴審での戦い方を考えるうえでは，控訴審裁判所が当初の段階で事件を選別する際にどのような点に注目しているのかを知ることが重要です。控訴審裁判所が第一審と異なる視点で事件を見ているのであれば，控訴審においてはその点を意識した訴訟活動が必要です。この点は一口に控訴審といっても，担当する裁判体（裁判長）によってさまざまであり，一概には言えませんが，多くの控訴審裁判官が指摘する点として次のようなことがいわれています。

すなわち，第一審判決が当事者の主張する法形式を前提とした要件事実を出発点として，そのあてはめに必要な限りで事実を拾っていくイメージであるのに対し，控訴審は，「まず法形式ありきではなく，まず，生の事実ありき」という感覚ないし意識を持っているということです（司法研究報告書56輯1号『民事控訴審における審理の充実に関する研究』（司法研修所，2004）102頁）。つまり，控訴審は，生の事実や紛争の実相を出発点として，それにふさわしい法律論を組み立てようとし，また形式的な法律論にとらわれず，そのような紛争の実相を踏まえて，判決による紛争解決だけにこだわらず，場合によっては

和解によって適正妥当な解決を図ろうとする傾向が強いといえます。

　控訴審は第一審よりも事実認定に熟練した裁判官で構成され，しかも合議体での審理となりますので，第一審が表面的に見ていた事実についても，その背景事情にもさかのぼって理解しようとする姿勢が見られます。そのため控訴審では，生の事実関係を正確に把握したうえで，妥当な法律論を組み立てて妥当な解決を図るということが比較的期待できるといえます。当事者としては，そのような控訴審裁判所の問題意識に応えるような訴訟活動をすることによって，第一審とは異なる結論を得ることも可能になるといえます。

Q110　控訴審の手続の流れ

> 控訴審の手続はどのように進んでいくのでしょうか。いつまでにどのような準備をすべきかについて教えてください。

(1)　控訴状の作成

　第一審判決に対して不服のある当事者は，控訴状を作成して控訴を行います。

　控訴状には，当事者の表示，第一審判決の表示およびその判決に対して控訴する旨を記載することを要します（民訴法286条2項）。控訴をする旨の記載は，「控訴の趣旨」に示され，第一審判決の敗訴部分の取消しとその部分に関する認容判決（原告控訴の場合）または請求棄却判決（被告控訴の場合）を求めることになります。

　たとえば，100万円の請求に対して60万円の支払いを命じ，その余を棄却する第一審判決についてみると，原告の控訴であれば，「第一審判決中，請求棄却部分を取り消す。被控訴人は控訴人に対して100万円支払え。」，被告の控訴であれば，「第一審判決中，60万円の支払いを命ずる部分を取り消す。被控訴人の控訴人に対する請求を棄却する。」といった記載になります。

222　第11章　上訴・その他

> **記載例17**　控訴状

　　　　　　　　　　　控　訴　状

　　　　　　　　　　　　　　　　　　　　　平成○年○月○日

東京高等裁判所　御中

　　　　　　　　　　　控訴人訴訟代理人弁護士　　　甲野　太郎　㊞
　　　〒○○○－○○○○　東京都△区□□○丁目○○番○号
　　　　　　　　　　　　　　控　　訴　　人　　　甲山　一郎

　　　〒○○○－○○○○　東京都○区××○丁目○番○号□□ビル○階
　　　　　　　　　　　　　甲野法律事務所（送達場所）
　　　　　　　　　　　　　電　話　０３－○○○○－○○○○
　　　　　　　　　　　　　ＦＡＸ　０３－○○○○－○○○○
　　　　　　　　　　　　　上記訴訟代理人弁護士　　　甲野　太郎

　　　〒○○○－○○○○　東京都△区□□○丁目○番○号
　　　　　　　　　　　　　　被　控　訴　人　　　乙川　次郎

損害賠償請求控訴事件
　　訴訟物の価額　　○万円
　　貼用印紙額　　　○円

　　上記当事者間の東京地方裁判所平成○年（ワ）第○号損害賠償請求事件について，同裁判所が平成○年○月○日に言い渡した下記判決中，控訴人敗訴部分は不服であるから控訴する。

第1　原判決主文の表示
　1　被告は，原告に対し，○万円及びこれに対する平成○年○月○日から支払済みまで年5分の割合による金員を支払え。
　2　原告のその余の請求を棄却する。
　3　訴訟費用は，これを１０分し，その１を被告の負担とし，その余を原告の負担とする。

第2 控訴の趣旨
1 原判決を取り消す。
2 被控訴人の請求をいずれも棄却する。
3 訴訟費用は第一審，第二審とも被控訴人の負担とする。

第3 控訴の理由
追って控訴理由書を提出する。

附 属 書 類

1 控訴状副本   1通
2 訴訟委任状   1通

(2) 控訴提起

控訴人は，控訴状を作成し，控訴期限（判決書の送達から2週間）までにこれを提出します。控訴状の提出先は，第一審裁判所です。この期間は不変期間であり，厳守しなければなりません。相手方から控訴提起があったことをすぐに知りたい場合には，第一審裁判所に電話で照会すれば控訴提起の有無を教えてもらえます。

また，第一審判決が仮執行宣言付きの場合には，仮執行を受ける可能性がありますので，控訴人は控訴提起と同時に控訴提起を理由とする強制執行停止の申立てを行うこともあります。強制執行停止命令には一定額（事案によりますが，判決における認容額の7割程度）の担保金の供託が必要となりますので，敗訴の可能性があり，強制執行停止の申立てを検討する場合には，判決前に担保金の準備等の段取りを検討しておく必要があります。

(3) 控訴状の送達

控訴状を受理した第一審裁判所は，控訴期間の徒過など，補正の余地のない

224 第11章　上訴・その他

不備がある控訴状を却下し，その他の控訴状は控訴審裁判所に送付します。控訴審裁判所は，控訴状審査を経て，控訴状を被控訴人に送達します。控訴状の送達は，被控訴人に訴訟代理人がついており，控訴状の受領を委任事項に含む訴訟委任状が提出されている場合には，同訴訟代理人宛に行われます。

⑷　訴訟進行に関する照会書

　　裁判長は，最初にすべき口頭弁論の期日前に，当事者から，訴訟の進行に関する意見その他訴訟の進行について参考とすべき事項の聴取をすることができるとされています（民訴規則179条・61条1項）。

　　この点は実務では，書記官名で，「訴訟進行に関する照会書」【記載例18】と題する書面を第一審の双方の訴訟代理人に送付等して照会を行い，回答を求めています。第一審において求められているものとは照会内容が少し異なり，照会事項は，控訴審での受任予定の有無，控訴審で予定している主張，提出予定の証拠，和解希望の有無，原審における和解の経過，関連する事件の有無等です。控訴審裁判所は，進行方針を決定するうえで，この進行照会を重視しているといわれています。この照会書は，控訴審裁判所が，これによって進行に関する訴訟代理人の意見を的確に把握でき，これを踏まえた審理を行うことを可能とするものですから，訴訟代理人は必ず回答します。特に，控訴審において和解を希望している場合には，その旨をなるべく意を尽くして記載して，控訴審裁判所に伝えておくべきです。もっとも，この照会書は訴訟記録に編綴され，閲覧謄写の対象にもなります。和解の意向を裁判所には伝えたいが，相手方には知られたくないという場合には，別途の書面によることも検討します。

記載例18 訴訟進行に関する照会書（控訴審）

【照会事項と回答】

回答日：平成〇年〇月〇日

氏　名：被控訴人代理人弁護士　乙島三郎

1　相手方提出の控訴状副本の送達（受取方法）について
　（□郵送　☑交付送達）を希望

2　口頭弁論期日（差し支えの日時を抹消してください）
　〇月〇日（月）　10：30　11：00　11：30　~~13：30~~　~~14：00~~　~~14：30~~
　〇月〇日（月）　10：30　11：00　11：30　~~13：30~~　~~14：00~~　~~14：30~~

3　(1)　当審での和解の意向の有無，希望する和解内容
　　　　☑　あり
　　　　□　なし
　(2)　原審での和解経過
　　　　裁判所からの和解案として和解金〇円の支払いが提示されたが，原告
　　　　が応じず，不成立に終わりました。
4　控訴審における主張・立証予定
　　控訴審において過失相殺の抗弁を主張する予定であり，同主張の関係での
　　追加の立証を予定しています。
5　関連事件の有無
　　□　あり　　　　　　　　裁判所　　支部，平成　　年（　　）第　　号事件
　　☑　なし

---

(5)　控訴理由書の提出

　控訴人にとって最も重要な書面が控訴理由書です。控訴人は，控訴提起後，
50日以内に控訴理由書を提出しなければなりません（民訴規則182条・183条）。
この50日という期間は訓示規定とされており，その不遵守に対する制裁規定は

ありません。もっとも，控訴審裁判所は，この期間内に控訴理由書が提出されることを前提に，第1回期日の進行を考えています。すなわち，控訴審裁判所は，提出された控訴理由書を精読し，これに基づいて記録を再検討し，さらに被控訴人に反論書を出させ，これらを検討し，合議をしたうえで第1回期日に臨めるよう配慮して，第1回期日を指定することとしています。したがって，第1回期日において充実した審理を行うために，控訴人の訴訟代理人は，控訴理由書の提出期限を極力遵守するべきです。特に控訴審から訴訟代理人として受任した場合には，この50日の期間というのは相当タイトですが，そのような事情はあくまで訴訟代理人側の事情であって，受任した以上は50日以内の提出を必須として準備を進める必要があります。

(6) 控訴答弁書の提出

　被控訴人訴訟代理人は，控訴理由書の提出を受けて，控訴答弁書を作成して提出します。控訴理由書が提出される時期にもよりますが，控訴答弁書は，極力第1回期日までに提出します。1回結審を目指すためには実質答弁まで含めて第1回期日までに行う必要があります。被控訴人は，第一審判決において勝訴した立場であり，第一審判決をそのまま維持してもらうことに利益がある立場ですので，第一審判決の事実認定や法律判断の正当性を論じつつ，これを批判する控訴理由書に対する反論を述べるというスタイルが一般的です。

(7) 第1回期日の開催

　控訴審の期日の設定の仕方には，いくつかの類型があります。一般的な期日設定は，まず口頭弁論期日を指定するパターンです。このパターンの中でも，期日前に和解の打診がある場合とない場合があります。また，口頭弁論期日に引き続いて進行協議期日を設定する場合もあります。これに対し，例は少ないですが，第1回の口頭弁論期日前に進行協議期日を設定するパターンもあります。これは，和解目的の場合もあれば，争点整理，事前釈明目的の場合もあります。このような期日設定の仕方の違いは担当部による違いが大きいようです

が，多くの部では，まずは第1回の口頭弁論期日を設定するパターン（第1回期日先行型）が多いといえます。

第1回期日先行型では，第1回期日の前に，担当する合議体での合議がされており，そこで方針が決められていることが通常です。第1回期日前の合議や検討の結果，第一審判決の結論や争点整理について，控訴審として疑問があり，控訴審において争点を整理し直す必要があると判断された場合には，第1回期日の設定に先立ち，あるいは第1回期日を指定したうえでその期日の前に，主任裁判官による進行協議期日が設けられることもあります。その場合，訴訟代理人に対して主任裁判官から連絡があり，進行協議期日の設定を打診されます。進行協議期日や事前面談は，主任裁判官との間で行われますが，進行協議期日の設定やそこで示される心証は，主任裁判官限りのものではなく，裁判長とも共有されているものと考えてよいと思われます。主任裁判官は，進行協議期日に臨むにあたって，丁寧に記録を検討しており，第一審判決が必ずしも深めていない事実関係や検討不足の論点等について，口頭でかなり突っ込んだ質問がされることもあります。したがって，訴訟代理人としては，そのような場でのやり取りに備え，第一審記録を読み直し，質問に答えられるだけの準備をしておく必要があります。筆者の経験では，当事者双方が個別に呼ばれ，第一審判決が見落としていた重要な間接事実を指摘し，その間接事実を踏まえると，逆の結論の可能性があることを指摘され，控訴審においてその点を一から調べ直すのか，そのような可能性を踏まえて話し合いによる解決を図るのかの検討を迫られたことがあります。

第1回口頭弁論期日が指定されるのは，控訴提起から概ね2カ月（60日）ないし2カ月半（75日）程度が実情といわれています（控訴理由書提出期限後10日ないし25日くらい）。

控訴審では，口頭弁論期日が1回だけ開かれる1回結審パターンが7割方といわれており，原則は1回結審と考えておくべきです。したがって，控訴審では，第1回期日に向けた準備（人証申請等の追加の立証方法の検討も含め）がすべてと心得て訴訟活動にあたる必要があります。

228　第11章　上訴・その他

(8)　弁論準備手続

　控訴審裁判所が，第一審での争点整理がうまくされておらず，控訴審におい
て争点整理からやり直さなければならないと判断した場合には，弁論準備手続
に付されることもあります。その場合，第1回口頭弁論期日を開いた後に弁論
準備に付されることが通常です。ただし，控訴審で弁論準備手続に付されるの
はまれです。

(9)　人証調べ

　控訴審では，ほとんどの事件では人証調べは実施されません。人証申請して
も採用されることはまれであるといえます。例外的に人証が採用されるのは，
第一審の証拠調べの結果を控訴審として是認しえないと判断している場合など
であり，人証調べの結果，控訴審で事実認定と結論が見直される可能性があり
ます。

Q111　控訴提起の判断における検討ポイント

> 　第一審の判決に不服があります。控訴を提起するかを決めるにあたって，
> どのような検討を行うべきでしょうか。また，控訴審の見込みの立て方を
> 教えてください。

(1)　控訴提起の検討ポイント

　控訴審で第一審判決の不服部分についての判断が覆る可能性がどの程度ある
のかが一番のポイントです。この点は，第一審判決を十分に検討しなければ判
断できませんし，微妙な事件では担当裁判官によって判断が分かれることも十
分にありえますので，控訴提起前の段階でこの点を的確に見通すことは容易で
はありません。また，控訴提起時の訴訟費用（印紙代）は第一審の1.5倍とな
りますので，訴訟費用や弁護士費用など控訴に要するコストを踏まえた費用対

効果の観点からの検討も必要になります。

　第一審判決が一部勝訴の場合には，第一審判決に完全には満足していないが，相手方も控訴しないのであれば，あえて控訴はせずに確定させ，仮に相手方が控訴して争うのであればこちらも不服部分について争いたいという方針もあり得ます。その場合には，相手方の控訴があった段階で附帯控訴することになります。

(2)　控訴審の見込みの立て方

　まずは第一審判決をよく読み，第一審判決の事実認定と論旨を正しく理解することが大切です。判決主文の内容や判旨が想定と違っていた場合には，事実認定の問題なのか，認定事実を踏まえた法的判断の問題（法令の適用の過誤）なのかなど，どの部分が想定と違っていたのかを分析します。

　事実認定が想定と違っている場合には，証拠に基づく認定がされているか，動かない事実，客観証拠に反した認定になっていないか，間接事実から主要事実の推論の過程が経験則に反し不合理でないか，第一審判決の認定したストーリー全体の合理性に問題はないか，などの観点から検討します。誤った事実認定となっていることの原因が第一審裁判所の検討不足のこともありますが，往々にして第一審における当事者の主張立証が十分でないために裁判所が認定を誤ってしまった可能性もあります。したがって，そのような反省の上に立って，第一審における主張立証活動を客観的な視点から見直すことも必要です。

　また，認定された事実に基づく法的評価が想定と異なっていることもあります。いわゆる規範的要件（権利濫用，信義則，正当理由など）の該当性判断が結論を左右するようなケースでは，裁判官によって判断が分かれる可能性もありますが，当事者の間接事実の積み上げ方によって，裁判官の事案の見え方や心証も大きく異なります。このような場合には，改めて関係資料を一から精査し，間接事実の積み重ねによって事案の実相により迫る厚みのある主張立証が可能かを検討します。

　控訴審裁判所は，第一審以上に，生の事実関係をベースに，あるべき解決策

230　第11章　上訴・その他

を探り，和解も含めて妥当な解決を図ろうとする志向がありますので，そのような控訴審裁判所に訴えかける正義や利益衡量のポイントがあるか，それをうまく主張立証していけるかどうかも重要です。

Q112　逆転するための控訴理由書のポイント

> 残念ながら原審で負けてしまいました。控訴審で逆転するためのポイントを教えてください。

(1)　第一審判決を十分に分析し理解すること

控訴審で逆転するための第一歩は第一審判決を隅々まで丁寧に読み，分析し，その判旨を理解することです。第一審判決には負けた理由が書かれています。その判決理由から負けた原因がどこにあるのかを正しくつかむことが控訴審で逆転するための第一歩といえます。その分析によって，自ずと第一審の主張立証活動の足りなかった部分が見えてきます。そのうえで，第一審判決のどの事実認定や論理を崩せば，この判断を覆すことができるかを考え抜くことが重要です。

(2)　控訴審における新たな主張立証方法を検討すること

控訴理由書における主張や引用される証拠が第一審と同じであれば，基本的に同じ結論にしかなりません。また，第一審判決の決め手が事実認定ではなく，法的評価の点にある場合には，その法的評価の誤りを判例や学説等を挙げて指摘するだけで足りることもありますが，実際には，そのような法的評価の前提となる事実関係が十分に訴訟上立証されておらず，その結果として裁判所の事案の見方自体が偏っているということもあります。判決内容から裁判所の事案の見方自体が偏っていると読める場合には，控訴審ではより事案の実相に迫るべく，事実関係の全体像を洗い直し，そのための新たな主張立証方法を検討し，

これを積極的に展開していく必要があります。

(3) 控訴理由書の書き方を工夫すること

準備書面の書き方の工夫と共通しますが，控訴理由書の作成において意識したい点を整理してみます。

(i) 第一審判決の一番の問題点を端的に指摘すること

事実認定の誤りであれ，法的判断の誤りであれ，第一審判決の一番の問題点を端的に指摘することが重要です。一番の問題点というのは，その点の誤りが判決の結論の誤りに直接つながるような誤りです。そのような問題点が指摘できる場合には，その問題点を最初に端的に指摘することと，その指摘を裏付ける主張立証を明確かつ掘り下げて行うことが重要です。問題点を端的に指摘することによって，控訴審の裁判官に対して第一審判決の信頼性に疑問の目を向けさせ，第一審判決はそのままでは維持できず，何らか見直さなければならないという第一印象を抱かせることができます。第一審判決が判断を欠落させている重要な主張や証拠がある場合には，それらの主張や証拠を端的に指摘して，光を当てることも重要です。第一審判決は，最短ルートで結論を導くために，その事実認定や論旨に沿わない主張や証拠を軽視あるいは無視しているケースが往々にしてありますので，そのような観点から第一審判決を丁寧に分析する必要があります。

(ii) 「まず法形式ありき」ではなく，「まず生の事実ありき」の姿勢

控訴審は，「まず法形式ありきではなく，まず生の事実ありき」という感覚ないし意識を持っていると指摘されることがあります（司法研究報告書56輯1号『民事控訴審における審理の充実に関する研究』（司法研修所，2004）102頁）。すなわち，控訴審は，当事者の主張する法形式と要件事実を所与の前提としてこれを立証する直接証拠や間接事実の有無を判断していくという形に限らず，そのような要件事実との関係では必ずしも重要視されない事実であって

も，事案全体の理解において重要な事実であれば，それが事案の背景にある事実であっても広く主張立証させ，そのような事実を重視してその法的意味合いを評価し，その事案に即したより妥当な解決を図ろうとする傾向があります。したがって，訴訟代理人としては，そのような控訴審の傾向を汲んだ主張立証を検討することが重要です。

(iii) 総花的主張の是非

第一審で敗訴しているために主張できそうなことは何でも主張するという総花的主張は概してマイナスといわれます。本当にポイントとなる主張が埋没したり，見落とされたり，弱く受け止められるおそれがあるためです。

もっとも，控訴審は事実審の最終審であり，予備的主張も含め，可能な限りの主張を検討することは必要であり，その結果，互いに矛盾せず，その効果を減殺したり埋没したりしないように効果的に配置して主張するのであれば，主張に厚みが増し，説得力が増すこともあります。そのためには，書面の全体の構成をしっかり作り，主張全体の流れ（主張の幹）を明確にしたうえで，そこから自然と枝葉が広がっていくようなメリハリのある主張となるように工夫すべきです。そのような主張であれば，総花的な主張とはならず，充実した主張とすることも可能と思われます。

(iv) 判例の指摘

下級審裁判例も含め判例を徹底的に調査し，有利に援用できるものがあればこれを指摘することも重要です。控訴審裁判所といえども，下級審裁判例までを網羅的に調査できているとは限らないからです。

(4) 人証申請

そもそも控訴審で人証が採用されるケースは少ないですが，控訴審で人証調べが行われた結果として，控訴審で判決内容が見直されることは実務上よく経験するところです。控訴審として，第一審判決の認定に物足りなさを感じてい

る部分があり，その部分について決め手となる書証がない場合には，新たに人証調べをして，人証によって積極的に事実認定をしていくことが往々にして行われています。人証調べの結果，第一審判決を見直す心証を得たのか，第一審判決を見直す心証を得た場合に人証調べを実施しているのかは不明ですが，控訴審で逆転したケースでは，多くの場合，人証が採用されており，人証の採否が一つの試金石といえます。

　人証が採用されるためには，その必要性がなければならず，そのためには第一審判決において証拠や事実関係が欠落している部分を端的に指摘し，その部分を明らかにするためには人証調べによるしかないこと，人証調べによって原審の判断が変わりうることを控訴審の裁判官に納得させる必要があります。一般に書証に比べて人証の信用性については低く見られがちですが，適切な証人を選び，裁判官にわかりやすい尋問を心がければ，控訴審の裁判官にアピールできることも多いといえます。

Q113　強制執行停止の申立て

> 　控訴に伴う強制執行停止の申立てを検討していますが，どのように準備を進めればいいですか。

(1)　強制執行停止の申立ての意義

　財産権上の請求に関する訴訟で敗訴し，判決に仮執行宣言が付されている場合，相手方から強制執行を申し立てられる可能性があります。特に企業にとっては，預金口座を差し押さえられた場合，差押え金額のいかんにかかわらず，銀行との取引約款等の契約上それが期限の利益喪失事由に該当することもあり，これを避けることが必要となります。

　そこで，このような仮執行を回避するため，第一審判決に対して直ちに控訴すると同時に，控訴に伴う強制執行停止の申立て（民訴法403条1項3号）を

行う必要があります。

⑵　申立ての流れ

　強制執行停止の申立ては，判決言渡し後に，勝訴判決を得た当事者が執行文付与と送達証明を受けて強制執行を申し立てるのが先か，敗訴当事者が執行停止決定を得るのが先か，その時間との戦いになります。そのため，敗訴判決の可能性がある場合には，判決言渡し後，直ちに対応できるように，判決言渡期日前の事前準備が重要となります。

⑴　事前準備

　控訴状，強制執行停止申立書のドラフトは事前に準備します。

　控訴に伴う強制執行停止の申立てには，第一審判決の変更の原因となるべき事情がないとはいえないこと，または執行により著しい損害を生ずるおそれがあることについて疎明をする必要があります。そのため，申立書をドラフトするためには，判決の内容を把握する必要がありますので，その部分以外だけを事前に用意しておくことになります。

　また，控訴提起と強制執行停止申立てのための委任状も用意します。控訴提起は，第一審の訴訟委任状でも可能ですが，強制執行停止の申立てには，別の委任状が必要となります。

　強制執行停止決定には，一定の担保金が必要となりますので，敗訴金額を予測して，担保金を調達します。通常，担保金は敗訴金額の７割程度ですが，金額が高額な場合など，交渉によって多少の減額をしてもらえることもあります。

　担保金は供託するため，供託手続の準備をしておくと判決後に慌てずに済みます。供託の仕方は法務局によって運用が異なっていることもありますので，必ず実際に供託する法務局に事前に確認します。

記載例19 強制執行停止申立書

強制執行停止申立書

平成○年○月○日

東京地方裁判所　民事部　御中

当事者の表示　　別紙当事者目録記載のとおり

申立人代理人弁護士　　甲　野　太　郎　㊞

申　立　の　趣　旨

　上記当事者間の東京地方裁判所平成○年（ワ）第○○○○号損害賠償請求事件について，同裁判所が，平成○年○月○日に言い渡した仮執行の宣言を付した判決に基づく強制執行は，控訴審の判決があるまでこれを停止する
との裁判を求める。

申　立　の　理　由

第1　控訴の提起
　申立人は，東京地方裁判所が平成○年○月○日に言い渡した上記申立の趣旨記載の判決（以下「本判決」という）に対し，本日，御庁に対し控訴を提起した。

第2　執行により著しい損害を生ずるおそれがあること
　本判決には，仮執行の宣言が付されており，被申立人は，いつでも申立人に対し強制執行をすることができる状況にある。
　しかるに，本判決には取消・変更の原因となるべき事情があるところ，仮に強制執行がなされた場合には，強制執行によって被申立人が申立人から取得した金員が費消され，返還されない可能性がある。

236 第11章 上訴・その他

　また，申立人が強制執行を受ければ，その経済的信用が著しく害されるのみならず，申立人が締結している契約書において，強制執行を契約解除事由及び期限の利益喪失事由として定められている契約が複数あることに鑑み，申立人の事業に著しい支障が生じることになる。さらに，一度そのような事態を生じさせたとなれば，申立人の社会的信用が失墜することは明白であって，そのように一旦失墜した信用を回復することは困難である。

　第3　判決の取消・変更の原因となるべき事情
・・・・・

　第4　結語
　以上のとおり，本判決に基づく強制執行によって申立人に著しい損害が生じるおそれがあり，かつ本判決には判決の取消・変更の原因となるべき事情が存在するため，「申立の趣旨」記載のとおりの裁判を求める次第である。
　前記第2において述べた点に鑑み，御庁におかれては，速やかに「申立の趣旨」記載の裁判をしていただきたく，上申する。

附　属　書　類

1　資格証明書
2　訴訟委任状

以　上

(ii)　判決言渡し

　判決主文を確認し，敗訴の場合には，判決書を受領して内容を確認し，申立書を完成させます。申立書の記載内容によって担保金が変わることは通常ありませんので，記載内容よりも時間優先で完成させます。

(iii)　控訴状，強制執行停止申立書の提出

　強制執行停止申立書は，東京地裁の場合，専門部事件を除き，民事訟廷事件

係受付に提出します。東京地裁では，強制執行停止申立事件は，民事9部が担当しており，申し立てると同部に配点されます。

　東京地裁の場合，担保金の決定にあたり担当裁判官との面接があるため，強制執行停止申立書を提出した後，裁判官との面接の予約をします。裁判所によってはそのような面接はなく，裁判所から電話で担保金を伝えられる場合もあります。

(ⅳ)　裁判官との面接

　上記のとおり，東京地裁では，担保金の決定にあたり裁判官との面接があります。裁判官との面接では，申立ての理由を補充したり，担保金の金額について交渉したりします。担保金は判決認容額（遅延損害金も含む）の7割程度が一般的ですが，交渉によって減額されることもあります。

(ⅴ)　供託

　東京地裁の場合，裁判官との面接後，同日中に担保金額の連絡（立担保命令）があります。金額は間違いのないように確認します。供託先は，立担保命令を出した裁判所の管轄区域内の供託所です（民訴法405条）。供託は，依頼者が本人として行う場合と訴訟代理人が行う場合があります。訴訟代理人が供託する場合には，供託のための委任状が必要です。

(ⅵ)　強制執行停止決定

　供託後，供託書を裁判所に提出します。

　強制執行停止決定が出たら，直ちに相手方代理人にFAXでその事実を連絡します。強制執行停止の事実を直ちに認識させ，有害な執行申立てを回避するためです。

238　第11章　上訴・その他

Q114　第一審判決維持のためのポイント

> 第一審で勝訴しましたが，控訴されました。控訴審で原審を維持しても
> らうためのポイントを教えてください。

(1)　適切なタイミングでの適切な反論を行うこと

　まずは，控訴審裁判所から提出期限として指定された日までには反論あるい
は再反論の書面を出すことが不利な心証形成に傾かせないための訴訟活動のポ
イントです。

　反論書面が提出されていない状態では，控訴人の主張する控訴理由だけが裁
判官の頭に残ることとなります。そして，その主張を第一審で勝訴した側が反
論しないのは，何か理由があるからであり，その一番大きい理由は反論しにく
いと考えているからと判断される可能性もあります。被控訴人訴訟代理人が反
論しあぐねている控訴理由の指摘であれば，場合により結論の見直しをすべき
かもしれないという心証に至るおそれがあります（加藤新太郎「裁判官の心証
形成を見据えた訴訟活動」日本弁護士連合会編『平成27年度研修版現代法律実
務の諸問題』（第一法規，2016））。

(2)　控訴理由書の主張に対しては一通り反論しておくこと

　明らかに反論が不要な主張は別として，控訴理由書の主張に対しては一通り
反論しておくことが望ましいといえます。反論をしておかないと，反論しにく
いからしていないのではないかと控訴審裁判官に思われる可能性があります。

(3)　控訴人の新たな主張立証への対応

　控訴人側は控訴審において新たな観点からの主張立証を追加してくることが
通常です。

　被控訴人としては，そのような主張立証が，民事訴訟法上，時機に後れた攻

撃防御方法に当たる場合には，その却下を求めることが考えられます（民訴法
157条1項）。時機に後れたものかどうかは，第一審と控訴審とを通じて判断す
べきものと解されており，第一審段階と比べると控訴審段階の新たな攻撃防御
方法の提出は厳しく判断されるといえます。もっとも，第一審判決が出される
前と出された後とでは状況は大きく異なりますし，控訴審における新たな主張
立証が直ちに時機に後れたことにならないのは当然です。また，控訴審裁判所
としても，時機に後れた攻撃防御方法として却下することについては一般に慎
重といえます。控訴審は事実審の最終審であり，多少の遅延が生ずることに
なっても，当事者の納得のためにも，できる限り主張立証をさせ，できる限り
審理を尽くそうとする傾向があります。なお，時機に後れた攻撃防御方法とし
て却下を求めることができないとしても，第一審において主張立証されていな
いこと自体が，当該攻撃防御方法の根拠が弱いことを自認するものといえる場
合にはその旨を指摘することも有効です。

(4) 第一審判決の判断や論旨に依拠し難い場合

　第一審では結論的には勝訴であるが，主要な争点ではないところで判断をし
ていたり，不意打ち的な判断を示していたりなど，そのままは維持できない可
能性のある判決が出されることもあります。いわゆる勝ち過ぎのケースなどで
す。そのような場合には，控訴人側からの第一審判決批判はそれなりに説得力
を持つ可能性があり，第一審判決をそのまま維持して勝ち切ることは困難な場
合も出てきます。被控訴人としては，第一審判決を客観的に分析したうえで，
維持できない部分があると判断できる場合には，第一審判決の論理に依拠せず
に主張立証を組み立てたほうがよいといえます。ただし，第一審判決の論理に
問題があるとしても，第一審判決がそのような判断をした背景には，第一審判
決なりの価値判断や利益衡量がある可能性があり，結論においてその正当性を
訴えられるのであれば，そのような価値判断を支えるものとして第一審判決を
引用して，第一審判決における利益衡量の結果の正当性を主張することは有効
です。

240　第11章　上訴・その他

Q115　控訴審の進行協議期日

> 第1回口頭弁論期日前に控訴審裁判所から進行協議期日の指定がありました。どのような準備をすればよいでしょうか。

　控訴審における第1回期日の設定にはいくつかのパターンがあり，担当部あるいは事件によって設定の仕方はさまざまです。ケースとしては少ないですが，第1回口頭弁論期日前に控訴審裁判所から進行協議期日の指定がされる場合もあります。その目的としては，和解協議の目的の場合と，第1回期日をスムーズに進めるための争点整理や事前釈明の目的の場合とが考えられ，その両者を含んでいる場合もあります。事前に主任裁判官からその目的を電話で伝えられる場合もありますが，進行協議期日に出席してみなければわからない場合もあります。そのため，訴訟代理人としては，以上のようないくつかの可能性を想定しておく必要があります。

Q116　控訴審の第1回口頭弁論期日

> 控訴審の第1回口頭弁論期日に臨むにあたっての準備や心構えを教えてください。

(1)　第1回口頭弁論期日の流れ

　裁判所は，まず手続的な事項として，当事者に控訴状，控訴理由書，反論の準備書面等の陳述をさせます。また，控訴審の第1回口頭弁論期日では，第一審の口頭弁論の結果の陳述が行われます（民訴法296条2項）。この陳述については，通常は，裁判所から訴訟代理人に対して，「『第一審判決の事実摘示部分のとおり第一審（原審）の口頭弁論の結果を陳述する』ということでよいか」

と促すことが多いようです。この確認に対しては，第一審判決の事実摘示が不正確な場合には，その旨を述べて，「原審口頭弁論の結果を陳述」としてもらうこともあります。もっとも，控訴審は続審であり，控訴審における主張を踏まえた主張整理がされますので，この点の形式にあまりこだわる実益はないといえます。

　次いで裁判所は，訴訟代理人から控訴理由の要点などを確認し，進行方針についての意見を聴取し，その後の進行方針を確認・決定します。裁判所として疑問と思っている点については，何らかの形で訴訟代理人に対して質問がされます。また，裁判所の事件に対する心証や認識を直截にあるいは婉曲な形で伝えられることもあります。このような裁判所の姿勢は，既に第一審での審理が尽くされており，控訴審としても暫定的な心証を得ていることを踏まえたものであり，第一審の第1回期日とは異なる点といえます。

　このように裁判所からの一定のコメントと訴訟代理人による口頭での応答を経て，裁判所としてこれ以上の審理は不要と判断すれば，第1回期日で結審し，判決期日が指定されます。

(2)　当事者の準備，心構え

　控訴審の第1回期日では，裁判所の何らかの心証が示され，即日結審の可能性も高いことから，訴訟代理人のその場での口頭の対応が重要となります。

　すなわち，裁判所の理解が間違っている場合には，その場で直ちに誤りを指摘し，議論して認識を改めさせなければ，裁判所の理解に従って訴訟が進行し，場合によってはその期日で結審されてしまうことになります。

　そのため，控訴審の第1回期日では，第一審の第1回期日よりも，裁判所との微妙なやり取りに気を遣うことになります。また，口頭で控訴理由書や控訴答弁書の内容を簡潔・適切に説明し，相手方の書面に対して意見を述べることも求められます。訴訟代理人としては，控訴理由書等の内容について，第1回期日で裁判所とのやり取りが発生することを見越して，簡潔に過不足なく述べられるように準備をしておくなど，控訴審の第1回期日には十分に準備をして

242　第11章　上訴・その他

臨む必要があります。

Q117　控訴審の続行期日

> 控訴審は多くの事件が１回結審と聞いていましたが，続行期日が指定されました。第一審判決が見直されるのでしょうか。

(1)　裁判所の進行方針の決定

　控訴審裁判所は，第１回期日までに，第一審記録，控訴理由書，これに対する反論書を基に検討して，第１回期日で結審すべき事案と継続審理すべき事案とにふるい分けを行い，進行方針を決めます（岩井俊「民事控訴審において期待される訴訟代理人の役割」東京弁護士会弁護士研修センター運営委員会編『平成21年度秋季弁護士研修講座』）。前者は，控訴理由を詳細に検討しても第一審判決を変更する必要がなく，新たな証拠調べも必要でないと判断される場合で，第１回期日で終結し，判決期日を指定することになります。この場合，終結のうえで，和解を勧告することもあります。これに対し，後者は，続行期日を指定して審理を続ける場合です。

(2)　弁論続行の場合

　続行期日を指定する場合の中にも，①第一審判決の結論は妥当だが，突っ込み不足ないし解明不足のもの，②控訴審で新たな主張が出されたもの（そのために人証調べを要するものとそうでないものとがあります），③第一審の争点整理が妥当でなく，争点整理をやり直したほうがよいものなどがあります。

　①②の場合には，口頭弁論を続行することにより，弁論を深化させる場合が多く，③の場合には，受命裁判官による弁論準備手続に付する場合が多いようです。

　このように続行期日を指定するパターンはいくつかあり，続行期日を指定す

ることが直ちに第一審判決を見直すことにつながるものではありません。もっとも，②③のパターンにおいては，第一審判決で勝訴していることの優位性はなくなっているといえ，そのことを認識したうえで，控訴審における十分な主張立証を行うべきといえます。

Q118 控訴審での人証調べ

控訴審の人証調べについて第一審と異なる点を教えてください。

　同一の争点について，第一審で調べた人証を控訴審で再度調べることは，特段のことがない限り行われません。これに対し，新たな主張が出され，新たな争点が生じた場合には，必要に応じて人証の取調べを行います。

　第一審で一度調べた人証でも，真にその再尋問が必要であれば行われることもあります。したがって，控訴審において人証の取調べを再度請求する場合には，新たな主張を行い，新たな争点が生じていることを説得的に説明して，人証の必要性を裏付ける必要があります。

　新たな人証の取調べについても，同様に必要性が問題となります。重要な証人であれば通常は第一審で調べられているはずであり，新たな人証でも常に証拠調べが必要になるとはいえません。いずれにせよ，控訴審では，第一審に比べ人証が採用されるハードルは高く，その必要性を説明できるように準備する必要があります。

　尋問が実施される場合のやり方は第一審の場合と同じです。

Q119 控訴審での和解

控訴審での和解について第一審と異なる点を教えてください。

第11章　上訴・その他

244　第11章　上訴・その他

(1) 控訴審裁判所の和解についての考え方

　控訴審では，早い段階から和解を勧められることがあります。このような控
訴審裁判所の姿勢は，既に第一審判決があることから，早い段階から事件の見
通しに基づいた適切な和解が可能であること，控訴審が事実審の最終審であり，
控訴審において原審の判断を覆す場合には，そのような心証に基づいた和解勧
告が不意打ち防止の観点からも望ましいこと，事実審の最終審としての重みか
ら，和解による解決が必要となることが少なくないことなどの事情によるもの
であり，控訴審裁判所は和解による実質的な解決を重視しているといえます。

(2) 控訴審における和解の実務

　控訴審の多くの事件は，第1回期日に向けて当事者がそれぞれ十分な応酬を
することにより，審理や結論の見通しが立つことが多いといえます。そのよう
な結論の見通しが立つ事件でも，控訴審裁判所は，和解による解決が適切と判
断した場合には，第1回期日後に和解勧告をすることが多いようです。この場
合，和解期日は，第1回期日の弁論終了後に引き続いて行うことが多いようで
す。

　和解の担当裁判官は，主任裁判官を受命裁判官に指定して行うことがほとん
どです。控訴審での和解では，和解に際し，裁判所の心証を相当程度開示する
場合が多いといえます。裁判所が当事者本人を直接裁判所に呼んで，説得を試
みることも少なくないようです。

(3) 訴訟代理人の対応

　以上のように，控訴審では和解による解決が試みられることが多いですが，
裁判所からの和解勧告が必ずあるとは限りません。そのため，訴訟代理人とし
て，第一審判決を踏まえ和解の意向がある場合には，訴訟進行に関する照会に
対する回答など，適宜のタイミングで裁判所に対して和解の意向を伝える必要
があります。和解の意向を伝えることが，弱気に映るのではないかという懸念
もありますが，裁判所も弁論手続と和解手続とは切り離して考えることが通常

であり，過度に気にする必要はないと思われます。

2　上告

Q120　上告審の特徴

上告するかどうかを検討しています。上告について依頼者にはどのような説明をすべきでしょうか。

　上告審には，地方裁判所が第二審として判決した事件について高裁が上告審となる場合と，高等裁判所が第二審または第一審として判決した事件について最高裁が上告審となる場合とがあります。ここでは，最高裁が上告審となる事件を前提に説明します。

(1)　上告審の審理の構造
　上告審が，第一審，控訴審と大きく異なるのは次の2点です。

(i)　法律審であること
　上告は法律審であり，専ら控訴審判決が法令に違反するかどうかの観点から審査し，事実認定をやり直すことはしないということです。

(ii)　事後審であること
　控訴審が続審であることと異なり，上告審は事後審です。すなわち，上告審では，控訴審判決の手続の経過および判断の経過を事後的に審査するにとどまります。そのため，当事者としても，新たな事実主張や証拠申出をして事実認定のやり直しを求めることはできません。

第11章　上訴・その他

(2)　不服の理由が限定されていること

　上告・上告受理申立てが適法と扱われるためには，法および規則の規定に従った上告理由ないし上告受理申立て理由を主張しなければなりません。以下のとおり上告理由および上告受理申立て理由は相当に限定されており，控訴審判決が単に法令に違反するということだけでは上告審の審理の対象とはなりません。

(i)　上告理由

　上告理由は，法312条1項（憲法違反），同2項（絶対的上告理由）です。2項各号に列挙された事由は，重大な手続違反であり，判決の結論に影響するか否かを問わず，上告理由とされています。

　このうち理由の不備・食い違い（6号）とは，主文を導き出すための理由の全部または一部が欠けていること（最判平成11年6月29日判タ1009号93頁），あるいは主文を導き出すための理由付けに明らかな矛盾があり，理由の記載から主文の結論を導くことができないことをいいます。ちなみに，審理不尽の結果として，判決理由に内容面での不備が生じていると思われる場合もありますが，審理不尽の主張それ自体は単なる法令違反の主張にすぎないと解されています。そのため，単なる法令違反が上告理由から排除された現行法の下では，上告理由として審理不尽のみを主張しても，その上告は不適法なものと扱われます。

(ii)　上告受理申立て理由

　上告受理申立てにあたっては，当該事件が法令の解釈に関する重要な事項を含むものであることを主張しなければなりません。「法令」には，経験則，採証法則，審理不尽が含まれるほか，銀行取引約款や普通保険約款などの約款，一般に広く利用されている定型書式の契約条項等も法令に準じて取り扱うことができると解されています（宮坂昌利「最高裁判所における上告受理と許可抗告」伊藤眞＝山本和彦編『民事訴訟法の争点』（有斐閣，2009）262頁）。

(3) 上告審で結論が変わる可能性が極めて低いこと

　以上のとおり，上告理由および上告受理申立て理由は極めて限られており，上告または上告受理申立てを行ったとしても，ほとんどの事件はこれらに該当せず，決定で上告棄却または不受理となります。したがって，上記のような上告審の構造とともに，上告審が極めて狭き門であることについても十分に説明をする必要があります。

Q121　上告審の手続の流れ

> 　上告審を受任することになりました。上告審の手続の流れについて，訴訟代理人として押さえておくべきポイントを教えてください。

(1) 上告状・上告受理申立書の作成・提出

　まずは期間内に上告の提起または上告受理申立てを行います。上告の提起または上告受理申立てをするには，控訴審裁判所に上告状または上告受理申立書を提出することを要します（民訴法314条1項・318条5項）。上告状と上告受理申立書を1通の書面で兼ねることも可能ですが，両書面を兼ねていることを書面上明らかにしなければなりません（民訴規則188条）。

　上告提起期間・上告受理申立て期間は，控訴審判決書の送達を受けた日から2週間です（民訴法313条・285条本文）。この2週間は不変期間であり，必ず遵守する必要があります。

248 第11章 上訴・その他

■ 記載例20 ▶ 上告受理申立書

上告受理申立書

平成○年○月○日

最高裁判所御中

申立人訴訟代理人弁護士　甲　野　太　郎　㊞

損害賠償請求上告受理の申立事件
訴訟物の価額　　○円
貼用印紙額　　　○円

当事者の表示：別紙当事者目録記載のとおり

　上記当事者間の○高等裁判所平成○年（ネ）第○号損害賠償請求控訴事件について，平成○年○月○日言い渡された下記判決には，民事訴訟法３１８条第１項の事由があるので，上告を受理されたく申し立てる。

第1　原判決の表示
　　1
　　2

第2　申立ての趣旨
　上告申立てを受理する。

第3　上告の趣旨
　原判決中，上告人敗訴部分を破棄し，さらに相当の裁判を求める。

第4　上告受理申立ての理由
　追って，理由書を提出する。

```
                                    添付書類
   1   上告受理の申立書副本        8通
```

(2)　控訴審裁判所の裁判長による上告状等の審査

　上告状・上告受理申立書が提出されると，控訴審裁判所の裁判長は，必要的記載事項が記載されているかなどを審査します。

　上告状・上告受理申立書が適式であれば，控訴審裁判所は，当事者双方に上告提起通知書・上告受理申立通知書を送達します（民訴規則189条1項・199条2項）。被上告人，相手方には，上告状・上告受理申立書も送達されます（民訴規則189条2項・199条2項）。

(3)　上告理由書・上告受理申立理由書の作成・提出

　上告人・申立人は，上記通知書の送達を受けた日から50日以内に上告理由書・上告受理申立理由書を控訴審裁判所に提出することが必要です（民訴法315条1項，民訴規則194条，民訴法318条5項，民訴規則199条2項）。この50日間は不変期間ではなく，控訴審裁判所の決定により伸長することが可能です（民訴法96条1項本文）が，期間の伸長をするか否かは，裁判所の職権判断に委ねられており，当事者に申立権はないと解されています。

　理由書提出期間経過後に新たな理由を追加して主張することは許されず，上告審は当該主張について審理判断することはできません。

　控訴審裁判所は，上告理由等の審査をし，上告状・上告受理申立書の却下または上告・上告受理申立ての却下をしなかった事件を上告裁判所に送付します。

(4)　上告裁判所からの記録到着通知書の送付

　最高裁判所に訴訟記録が到着し，事件として立件されると，裁判所書記官は，記録が到着したことを速やかに当事者に通知します（民訴規則197条3項）。上告人・申立人から提出された上告理由書・上告受理申立理由書は，口頭弁論を

250　第11章　上訴・その他

経ないで審理裁判する場合には，原則として被上告人・相手方に送達すること
を要しないとされています（民訴規則198条）。ただし，被上告人・相手方から
送達の希望があれば，送達されます。実務上は，口頭弁論を経ることとされた
事件に限って，その段階で答弁書催告状（口頭弁論期日呼び出し状を兼ねたも
の）を送達して，被上告人・相手方に答弁書の任意提出を求めるのが通例です
（武藤貴明「最高裁判所における民事上告審の手続について」判タ1399号63頁
注1）。

　被上告人・相手方の立場では，最高裁判所から口頭弁論期日の指定があり，
答弁書催告状の送達を受けない限り，上告審において特段の対応は要しません。
一方，最高裁判所から口頭弁論期日の指定があると，控訴審判決が見直される
ことが通常であり，それ以降に答弁書，反論書を提出しても効果はありません。
したがって，被上告人・相手方としてなしうる対応としては，上告理由書また
は上告受理申立理由書をあらかじめ入手して検討し，見直されるおそれがある
と判断した場合には，裁判所からの連絡を待たずに答弁書を提出して反論をし
ておくということになります（被上告人・相手方はいつでも答弁書を提出する
ことができます）。

(5)　最高裁判所での審理

　訴訟記録が最高裁判所に到着すると，最高裁は，①上告・上告受理申立ての
適法性，②職権調査事項，③論旨の当否について調査をすることになります。

　上告事件については，上告理由の審査を行い，審査の結果，形式的には民事
訴訟法312条1項・2項所定の事由の主張はあるものの，上告理由が明らかに
民事訴訟法312条1項・2項所定の事由に該当しない場合には，決定で上告を
棄却することができます（民訴法317条2項）。

　上告受理事件でも，上告事件と同様に上告受理申立ての適法性について審査
します。審査の結果，上告受理申立てが不適法であれば，不受理決定をします。
また，上告受理申立て理由に照らして重要事項を含むと認められない場合には，
不受理決定をします。

上告受理申立て理由に照らして控訴審判決に法令解釈に関する重要事項を含むものと認められる場合には，受理決定をします。受理決定がされると，事件について上告があったものとみなされ，排除されなかった上告受理申立て理由は上告理由とみなされます（民訴法318条4項）。

(6) 上告審の判決

上告事件・受理事件とも，決定で処理されない場合には判決が出されます。

上告に理由がないと判断される場合には，上告棄却の判決が出されます（民訴法313条・302条）。上告棄却の判決をする場合には，口頭弁論を経る必要はないとされています（民訴法319条）。ただし，口頭弁論を経ない場合には，当事者にはあらかじめ言渡期日の日時が裁判所書記官から通知されます（民訴規則186条・179条・156条本文）。

上告に理由があるときは，最高裁は，控訴審判決を破棄します（民訴法325条1項前段）。判決に影響を及ぼすことが明らかな法令違反があるときも，職権で控訴審判決を破棄することができます（同条2項）。控訴審判決を破棄する場合には，原則として口頭弁論を経る必要があると解されています（民訴法319条の反対解釈）。

Q122 上告審での主張書面の作成

上告審での主張書面を作成するポイントについて教えてください。

控訴審判決の判断内容やその手続に上告理由がある場合は限られており，上告審での審理の対象となるためには，現実的には上告受理申立て理由があるかどうかがポイントとなります。上告受理申立て理由は，単なる法令違反ではなく，控訴審判決に法令の解釈に関する重要な事項を含むものと認められる必要があります。したがって，「法令の解釈に関する重要な事項」の意義を理解し

第11章 上訴・その他

252　第11章　上訴・その他

て書面を作成する必要があります。

　「法令の解釈に関する重要な事項」とは，最高裁判所として法令解釈を示す必要があるような事項をいうと解されています（高部眞規子「上告審と要件事実」伊藤滋夫編『民事要件事実講座 第2巻』（青林書院，2005）17頁）。すなわち，①最高裁判所の判断により法令解釈の統一を図る必要がある法律問題を含むと認められる場合（一般的重要性），②控訴審判決の法令の解釈に誤りがあり，そのために控訴審判決の結論に看過し難い誤りがあると認められる場合（個別的重要性）のいずれかの場合であり，経験則違反，採証法則違反により控訴審判決を破棄すべき場合も，ここに含まれます。また，たとえば，控訴審判決に損害額算定の誤りがあり認容額が大幅に異なってくるような場合も，ここに含まれうると考えられています（武藤・前掲70頁注172）。

　重要な事項を含むか否か，すなわち最高裁判所が当該事件を受理するか否かは，以下のような要素を考慮して判断されているものと考えられます（伊藤編・前掲18頁〔高部眞規子〕）。

---

① 　当該法律問題についての最高裁判所の判例の有無および下級審裁判例の集積状況
② 　当該法律問題についての議論の成熟性ないし学説の分布状況
③ 　当該法律問題が個別事件を超えた一般的な意義を有するものか否か
④ 　法令解釈の誤りが原判決の結論に影響を与えるか否か（傍論部分や複数の独立した理由中の一つの理由など，当該法律問題が控訴審判決の結論を導くうえで不可欠とは言えない部分のみに関わるものであるか否か）
⑤ 　法令解釈の誤りが控訴審判決の結論に影響を与える場合，それがどの程度のものか（看過し難い程度のものか，請求のごく一部ないし僅少な金額に影響するにすぎない程度のものか）
⑥ 　当該事件が上告審として判断を示すのにふさわしい内容の事案であるか否か

　従来の判例との整合性，立法事実の変化を説得的に語ること，最高裁として，判例や法解釈の統一が必要であることなどをアピールすることが重要です。他

方，法令違反に名を借りて単に控訴審判決の事実認定を批判するにすぎない場合や，法律の解釈に関する事項を主張していても独自の見解を述べるにとどまる場合には，重要事項を含むものとは認められず，受理はされません（笠井正俊＝越山和広編『新・コンメンタール民事訴訟法（第2版）』（日本評論社，2013）1088頁）。

ちなみに最高裁判決には，上告理由書，上告受理申立理由書の該当主張部分がそのまま引用されています。そのため，これらの書面がどのような観点から書かれているか，あるいはその構成や文章表現上の工夫も参考にするとよいでしょう。

3　訴訟終了後

Q123　訴訟終了後の処理

訴訟が終了しました。依頼者との関係で行うべきことにはどのようなことがありますでしょうか。

(1)　費用の精算，原本書類の返還

事件が終了し，事件処理のために預かった金銭および預かり品がある場合には，遅滞なく清算し，返還しなければなりません。原告の場合，裁判所から予納郵券の戻りなどもあります。訴訟で提出した書証の原本等も依頼者に返還します。返還にあたっては，必ず受領書をもらっておきます。

判決正本や和解調書については，引き続き受任する案件（民事執行等）との関係で必要な場合には，引き続き保管することもありますが，そうでない限りは，依頼者に返還します。

(2)　事件記録の整理・保存

　事件記録自体はその事件が終了してしまえば不要となりますが，整理したうえで一定期間保存しておくほうが望ましいといえます。どのくらいの期間保存すべきかについて決められたルールはなく，その事件の性質に応じて判断するしかないところです。潜在的な紛争があり，再発するような場合には，その訴訟記録が役に立つことがあります。保存の形式は，紙である必要はなく，PDF等のデータとして保存することでも構いません。

〈著者略歴〉

飛松 純一 （とびまつ　じゅんいち）

執筆担当：第1章，第5章，第10章

飛松法律事務所　弁護士
1996年　東京大学法学部卒業
1998年　弁護士登録（東京弁護士会）
　　　　森綜合法律事務所（現：森・濱田松本法律事務所）入所
2003年　スタンフォード大学法律大学院卒業
2004年　米国ニューヨーク州弁護士登録
2010年　東京大学法学政治学研究科准教授就任（～2013年）
2016年　飛松法律事務所開設

主要著作：
『国際商事仲裁の理論と実務』（共著，丸善雄松堂，2016）
『M&A法大系』（共著，有斐閣，2015）
『（ジュリスト増刊）実務に効く国際ビジネス判例精選』（共著，有斐閣，2015）
他多数

荒井 正児 （あらい　まさる）

執筆担当：第4章，第11章

森・濱田松本法律事務所　弁護士
1997年　東京大学法学部卒業
1999年　弁護士登録（第二東京弁護士会）
　　　　森綜合法律事務所（現：森・濱田松本法律事務所）入所
2008年　東京大学法学部非常勤講師（～2010年）

主要著作：
『消費者契約訴訟』（共著，中央経済社，2017）
『消費者取引の法務』（共著，商事法務，2015）
『企業危機・不祥事対応の法務』（共著，商事法務，2014）
『倒産法全書（上・下）（第2版）』（共著，商事法務，2014）
『震災法務Q&A　企業対応の実務』（編著，金融財政事情研究会，2011）

佐藤　久文（さとう　ひさふみ）

執筆担当：第2章，第3章，第9章

潮見坂綜合法律事務所　弁護士
1998年　早稲田大学大学院法学研究科修士課程修了
2000年～2005年　裁判官
2005年～2007年　森・濱田松本法律事務所（判事補の職務経験として）
2007年～2008年　裁判官
2008年8月　弁護士登録，末吉綜合法律事務所（現：潮見坂綜合法律事務所）入所

主要著作：
『訴訟の技能―会社訴訟・知財訴訟の現場から』（共著，商事法務，2015）
『裁判官の視点　民事裁判と専門訴訟』（編集協力，商事法務，2018）
「鼎談・企業訴訟における訴訟活動（上・下）」NBL1077号・1079号（2016）
「裁判文書作成のポイント　労働関係訴訟」ビジネス法務2015年10月号
「訴訟の常識　期日対応のマナー・見落としがちなポイントのチェックリスト」ビジネス法
　　務2014年10月号

阿南　　剛（あなん　ごう）

執筆担当：第6章～第8章

潮見坂綜合法律事務所　弁護士
1999年　東京大学法学部卒業
2001年　弁護士登録（東京弁護士会）
　　　　森綜合法律事務所（現：森・濱田松本法律事務所）入所
2007年　末吉綜合法律事務所（現：潮見坂綜合法律事務所）開設

主要著作：
『会社訴訟ハンドブック』（共著，商事法務，2017）
『実務分析 M&A判例ハンドブック』（共著，商事法務，2015）
『論点体系会社法　補巻　平成26年改正』（共著，第一法規，2015）
『論点体系会社法3　株式会社Ⅲ』（共著，第一法規，2012）
「スクイーズアウト型組織再編における対価の適正性」『実務に効くM&A・組織再編判例精
　　選』（有斐閣，2013）178頁
「取締役の責任に関する上級審判例と経営判断の原則(1)～(5)」旬刊商事法務1895号4頁，
　　1896号36頁，1897号25頁，1899号59頁，1901号47頁（2010）（共著）

訴訟弁護士入門

民事事件の受任から解決まで

2018年7月10日　第1版第1刷発行
2018年10月30日　第1版第3刷発行

著　者	飛　松	純	一
	荒　井	正	児 文
	佐　藤	久	文 剛
	阿　南		継
発行者	山　本		継

発行所　㈱中央経済社

発売元　㈱中央経済グループ
　　　　パブリッシング

〒101-0051　東京都千代田区神田神保町1-31-2
電話　03 (3293) 3371 (編集代表)
　　　03 (3293) 3381 (営業代表)
http://www.chuokeizai.co.jp/

印刷／㈱堀内印刷所
製本／㈲井上製本所

© 2018
Printed in Japan

＊頁の「欠落」や「順序違い」などがありましたらお取り替えいた
　しますので発売元までご送付ください。(送料小社負担)

ISBN978-4-502-26911-0　C3032

JCOPY〈出版者著作権管理機構委託出版物〉本書を無断で複写複製 (コピー) することは,
著作権法上の例外を除き, 禁じられています。本書をコピーされる場合は事前に出版者著
作権管理機構 (JCOPY) の許諾を受けてください。
　JCOPY〈http://www.jcopy.or.jp　eメール：info@jcopy.or.jp　電話：03-3513-6969〉

会社法・法務省令大改正を収録！

「会社法」法令集 第十一版

中央経済社 編　A5判・688頁　定価3,024円（税込）

- ◆新規収録改正の概要
- ◆重要条文ミニ解説　付き
- ◆改正中間試案ミニ解説

会社法制定以来初めての大改正となった、26年改正会社法と27年改正法務省令を織り込んだ待望の最新版。変更箇所が一目でわかるよう表示。

本書の特徴

◆会社法関連法規を完全収録
☞ 本書は、平成17年7月に公布された「会社法」から同18年2月に公布された3本の法務省令等、会社法に関連するすべての重要な法令を完全収録したものです。

◆好評の「ミニ解説」さらに充実！
☞ 重要条文のポイントを簡潔にまとめたミニ解説。平成26年改正会社法と平成27年改正法務省令を踏まえ大幅な加筆と見直しを行い、ますます充実！

◆引用条文の見出しを表示
☞ 会社法条文中、引用されている条文番号の下に、その条文の見出し（ない場合は適宜工夫）を色刷りで明記。条文の相互関係がすぐにわかり、理解を助けます。

◆政省令探しは簡単！条文中に番号を明記
☞ 法律条文の該当箇所に、政省令（略称＝目次参照）の条文番号を色刷りで表記。意外に手間取る政省令探しもこれでラクラク。

◆改正箇所が一目瞭然！
☞ 平成26年改正会社法、平成27年改正法務省令による条文の変更箇所に色付けをし、どの条文がどう変わったのか、追加や削除された条文は何かなどが一目でわかる！

中央経済社